撃破

自民党政治に さよならを

五十嵐仁 著

はしがき

総選挙の結果、自民・公明の与党は過半数割れに追い込まれ、情勢は混とんとしてきました。流動的な過渡期の始まりです。これまでの政治のあり方が否定され、そこからの転換が始まりました。しかし、その目指す方向がどうなるのか。それが定まるのはこれからです。

なぜ、どのようにしてこうなったのでしょうか。これからどうなっていくのでしょうか。多くの国民は疑問に思い、政治への関心を高めています。このような疑問と関心に応えるために、この間に書いてきた論攷を編集して本書をまとめました。

本書は、同じ学習の友社から昨年5月に刊行した前著『追撃　自民党大軍拡・腐敗政治――政権交代のために』の続編にあたります。前著の「はしがき」には「裏金問題をはじめとしてあらゆる点で行き詰まり窮地に陥った自民党大軍拡・腐敗政治を追撃したいと念じ、解散・総選挙に追い込むために大急ぎで本書を書きました」とあります。はからずも、この目的は達せられました。岸田首相は続投断念を表明し、後を継いだ石破茂新首相は解散・総選挙に打って出て歴史的な大敗を喫したからです。その意味で、「追撃」戦は成功したことになります。

続けて、私は「これから実施されるあらゆる選挙で、自民党にだけは投票せず敗北させましょう。そして、こう言いたいものです。『さようなら自民党』と」、と書きました。一部の自民党支持者はこの「提言」を受け入れたようです。自民党は小選挙区で700万近くも票を減らして「敗北」したのですから。

その結果を受けて、いよいよ「さようなら自民党」と言えるような瞬間が近づいています。前著の副題を「政権交代のために」としましたが、この時点ではまだその条件はありませんでした。しかし、総選挙での自公両党の敗北によって与党が過半数を割り、「政権交代」が現実的な可能性を帯びるようになったのです。

このような結果を生み出す過程において前著の『追撃』が一定の役割を果たしたとすれば、著者としてこれほど嬉しいことはありません。本年は、「自民党大軍拡・腐敗政治」に対する「追撃」戦をさらに強め、本格的な「政権交代」を目指すことになるでしょう。

こうして、やがて訪れる「決戦」で自民党政治を「撃破」しなければなりません。それを通じて、新しい希望の持てる政治への模索と挑戦を呼びかけたいと思いました。ということで、本書の書名を「撃破」、サブタイトルを「自民党政治に さよならを」としています。

前著同様、多くの方に手に取っていただき、政治の現状への理解を深め、その問題点を直視し、一歩でも前に進めるために声をあげていただきたいと思います。腐敗しきって国民の信頼を失い大軍拡に狂奔する自民党政治を撃破し、さよならをするために。

2025年1月

もくじ

もくじ

序章　戦後史における自民党政治
——その罪と罰を考える

２０２４年の夏に月刊誌『学習の友』の「自民党政治を根本から変えよう」という別冊のために書かれた論弦です。戦後史を振り返り、岸田内閣までの歴代自民党政権を対象として、その問題点について「罪と罰」という視点から解明しています。冒頭で、「自民党はもう終わりです」と書きましたが、まさに秋の総選挙での大敗の結果、その「終わり」が始まりました。

はじめに

自民党はもう終わりです。歴史的な役割を終えた政党には退場してもらうしかありません。政権から追い出さなければ、この国に害悪を及ぼすだけです。それが早ければ早いほど、不幸はより小さく、希望はより大きくなるでしょう。

自民党に功績が全くなかったわけではありません。政権政党となり、長きにわたって権力を維持できた背景には、それなりの根拠があるからです。その最大のものは戦後復興を担って高度経済成長を実現し、国民総生産（ＧＮＰ）第2位の経済大国を実現したことにあります。

しかし、それは１９８０年代中葉までのことにすぎません。開発独裁型経済成長、修正資本主義的な経済政策、コンセンサス（合意）重視で漸進的な政策決定、そして戦後憲法体制を前提とした政権運営が、大きく転換し始めたからです。これ以降、自民党政治は功よりも罪多きものへと変質してきました。

このような保守政治の転換によってもたらされた罪を明らかにし、罰を与えるべき必要性とその根拠を示したいと思います。自民党は完全に役割を終え、罪の上塗りと責任逃れに終始しているからです。過去の遺物となった自民党にとって、最後に果たすべき役割は一つしかありません。これまでに犯してきた数々の罪を真摯に反省し、最大の罰として政権の座を去るという役割です。

1　自民党における3つの宿痾と3つの潮流
――保守本流・傍流右派・傍流左派

自民党には、治癒不可能な宿痾《しゅくあ》（持病）ともいうべき3つの病があります。右傾化・金権化・世襲化という病気です。第1の右傾化は、憲法に対する敵意、軍事大国化と戦前の社会や家族のあり方へのこだわり、歴史修正主義と少数者や外国人の人権無視、女性差別とジェンダー平等への反感などに示されています。

第2の金権化は、最近も明らかになった裏金事件などの金銭スキャンダルの多発です。そして、第3の世襲化は、最近になってますます強まってきている二世や三世議員などの跋扈《ばっこ》です。小選挙区比例代表並立制が導入された1996年の総選挙以降の自民党の首相のうち、世襲でないのは菅義偉《すがよしひで》1人にすぎません。

これらの長く続く病は自民党の体質となり、もはや自らの力で治すことは不可能なほど全身を蝕んでいます。岸田政権の大軍拡路線や裏金事件、世界基督教統一神霊協会＝世界平和統一家庭連合（統一協会）との癒着、閣僚における世襲議員の重用などは、この病がますます重篤化し、日本政治を毒する元凶となっていることを示しています。

2 自民党内の3つの潮流

このような自民党には、大きく分けて3つの潮流が存在していました。それは、保守本流・傍流右派・傍流左派という派閥の流れです。このような分岐はそれほど明確ではなく、最近ではますます違いが不明瞭になっていますが、完全に消滅したわけではありません。

第1の「保守本流」は、政策的には経済政策重視の解釈改憲路線、政治手法としては合意漸進路線をとりました。吉田首相の人脈と政策路線を受け継いだ池田勇人、佐藤栄作、大平正芳、田中角栄、福田赳夫、竹下登、宮澤喜一、橋本龍太郎、小渕恵三などが担い手となっています。60年安保闘争後の解釈改憲路線の採用と池田政権における所得倍増政策の成功によって自民党政治を安定させ、「本流」の地位を占めることになりました。

これに対して、右に位置したのが第2の「傍流右派」であり、左にあったのが第3の「傍流左派」です。第2の傍流右派は明文改憲と再軍備を掲げ、コンセンサス（合意）軽視で政治的対決をいとわなかった岸信介を源流に、中曽根康弘、森喜朗、小泉純一郎、安倍晋三などによって継承されました。

第3の傍流左派はきわめて少数のリベラル護憲派で、三木武夫や宇都宮徳馬、鯨岡兵輔や加藤紘一、『新憲法代議士』という本を上梓した護憲リベラルの白川勝彦などにすぎません。最も注目されたのは三木内閣が成立した時で、その後は次第に影を薄めてしまいました。

3　保守政治の転換点としての中曽根政権

自民党内の3つの潮流は同じような力関係で推移したわけではありません。とりわけ、保守本流と傍流右派の力関係は1980年代中葉に大きく変化します。1982～87年までの中曽根政権時代に、保守本流と傍流右派の力関係が逆転し始めるからです。

中曽根首相は憲法改正を含む占領政策の「是正」という改進党の政策大綱を1952年に起草し、1956年には「この憲法のある限り無条件降伏続くなり」という「憲法改正の歌」を作詞していました。政治家となった最初から、一貫して明確な明文改憲論者だったのです。首相時代にも自分の内閣ではタイムテーブルに載せないと断りつつ、憲法改正の必要性を主張していました。

対外政策では、「国際国家論」を掲げて対米忖度従属路線を選択し、就任早々に訪韓して悪化していた軍事政権との関係を修復しました。「日米両国は運命共同体」だとして日本列島不沈空母論、3海峡封鎖、シーレーン防衛などを唱え、軍事費GNP比1％枠の突破など軍事力強化の方向を打ち出し、戦後の首相として初めて靖国神社を参拝するなど復古的な言動も目立ちました。このような憲法の平和主義に反する軍事大国化の方向は後継政権に引き継がれ、岸田政権の大軍拡路線で全面開花することになります。

中曽根首相は「戦後政治の総決算」を掲げましたが、その真意は保守本流路線への挑戦にありました。実際には戦後（保守本流）政治の総決算であり、これによって国の富を軍事ではなく経済や産業の育成、福祉などの民生に振り向ける「9条の経済効果」は薄れていきます。1980年代をピークに、バブル経済がはじけるとともに高度経済成長は幕を閉じ、1990年代以降、国力を衰退させる下り坂を歩み始めることになります。

4　新自由主義の全盛期としての小泉政権

1986年の「死んだふり解散」によって中曽根首相は大勝し、総裁任期を延長して「86年体制」を豪語しました（これについて、詳しくは拙著『戦後保守政治の転換——「86年体制」とは何か』ゆぴてる社、1987年、を参照）。この時、戦後保守政治は反憲法政治へと転換し、保守本流と傍流右派との力関係は逆転し始めます。憲法を敵視し蹂躙する右派的な政治路線は旧田中派の一部の離党などもあって勢力を拡大し、右傾化を完成させることになるのです。

また、中曽根政権は第二次臨時行政調査会（第二臨調）を設置して臨調・行革路線を打ち出し、国鉄の分割・民営化などを断行しました。修正資本主義的な福祉国家路線と全面的に対峙する新自由主義の始まりです。政治手法としても、野党や党内の抵抗を回避するために国会審議を経ずに政策決定を行う審議会多用のブレーン政治を活用しました。これは安倍政権や岸田政権による有識者会議などの利用、閣議決定による官邸主導の政策決定に受け継がれます。

新自由主義は新保守主義経済学の一流派で、ケインズ主義的な福祉国家政策に対して「小さな政府」を主張しました。具体的には、国鉄・電電・専売の3公社など国有企業の民営化、公的規制の緩和、民間活力の発揮を打ち出します。その嚆矢は中曽根政権でしたが、全盛期は小泉政権の郵政民営化などの「聖域なき構造改革」でした。

郵政民営化には自民党内からも反対が出て関連法案は参院で否決されます。小泉首相は衆院を解散して反対する議員を排除し、「刺客」を送って落選させるなど官邸主導で強引な党運営を行いました。コンセンサスを重視する保守本流の合意漸進路線とは正反対の政治手法です。

しかし、ポピュリスト的な言動とテレビなどを活用したパフォーマンスによって小泉内閣は高い支持率を獲得し、総合規制改革会議などを設置して労働の規制緩和などの構造改革を推し進めます。契約社員や派遣社員などの非正規雇用労働者が激増し、実質賃金の低下と労働条件の悪化も進みました。貧困化と格差の拡大、社会保障の削減と「平成の大合併」や地方交付税の削減などの「三位一体の改革」によって地方は疲弊し、日本は持続困難な社会へと変質していきます。

5　罰としての政権交代

政権担当者が犯した罪に対する最大の罰は、政権から追い出されることです。自民党もこのような形で罰を受ける危機に瀕したことがあります。保守本流政治が定着した1970年代以降、自民党が政権を失うかもしれない瀬戸際に立たされたことは4回ありました。

1回目は、田中角栄政権末期から三木政権にかけてです。『日本列島改造論』と狂乱物価、金脈問題の暴露によって田中首相は辞任に追い込まれ、その後、ロッキード事件が発覚して元首相の逮捕という驚天動地の事態が起きました。しかし、自民党は「ダーティー田中」から「クリーン三木」へという「振り子の論理」による「疑似政権交代」で国民の目を欺き、政権維持に成功します。

2回目は、宮澤喜一政権から細川護熙《もりひろ》政権にかけてです。自民党の金権体質は改善されず、リクルート事件、東京佐川急便事件、ゼネコン汚職や金丸信副総裁の巨額脱税事件などによって政治改革が大きな課題になりました。宮澤首相は衆院を解散し、自民党が分裂して新生党や新党さきがけが結成され、日本新党など8党・政派による細川連立政権が樹立されます。その結果、「55年体制」は崩壊しました。

3回目は、森喜朗政権から小泉純一郎政権にかけてです。森首相は「日本の国、まさに天皇を中心としている神の国」と述べ、衆院選中に「無党派層は投票日には寝ていてくれればいいのだが」と発言し、支持率が急落して辞任します。このとき、「自民党をぶっ壊す」と言って登場したのが小泉純一郎でした。結局、自民党は息を吹き返し、「疑似政権交代」を取り繕うことで生き延びたのです。

4回目は、麻生太郎政権から鳩山由紀夫政権にかけてです。麻生政権は閣僚などの失態や漢字の読み間違いなどで顰蹙《ひんしゅく》を買い、支持率が急落して都議選で大敗します。追い込まれた麻生首相は任期満了直前になって解散・総選挙に踏み切りましたが、自民党は大敗して過半数を割り、民主・社民・国民新3党の連立で鳩山政権が成立します。これは戦後初めての本格的な政権交代でしたが、中心となった民主党の不手際や準備不足もあって3年という短さで幕を閉じ、自民党政権の復活を許すことになります。

6 旧傍流右派路線の全面開花としての第2次安倍政権

中曽根政権による「戦後政治の総決算」路線は、安倍政権による「戦後レジームからの脱却」路線へと継承されます。中曽根による「戦後政治」も、安倍が言う「戦後レジーム」も、戦後憲法を前提にした統治スタイルを選択した保守本流路線のことでした。その「総括」や「脱却」をめざした両者に共通するのは、憲法に対する敵視と侮蔑です。中曽根元首相は「マック（マッカーサー）憲法」と呼び、安倍元首相は「みっともない憲法」だと軽蔑していました。

また、国際的役割の重視とアメリカ追随、軍事大国化や戦前回帰という点でも共通しています。中曽根元首相の「国際国家論」は、国際社会における発言力の増大、国際関係における積極性・能動性の発揮、「西側の一員」としての責任分担などでした。これらは「同盟国・同志国」における軍事分担論に基づく集団的自衛権の行使容認をめざした第2次安倍政権に受け継がれ、平和安保法制（戦争法）の成立に結びつきます。

さらに、ボトムアップ型の政策形成や官僚主導への嫌悪、ブレーンなどの利用や権力主義的な政治手法などでも共通していました。中曽根元首相は審議会を多用して「審議会」政治と批判され、安倍元首相も有識者会議や閣議決定を優先し、国会審議をスルーしました。いずれも「国会の空洞化」を生み出し、議会制民主主義を踏みにじるものです。

統一協会と深く癒着していたという点でも、両者には大きな共通性があります。615巻もある文鮮明発言録で最も多く出てくるのは中曽根康弘の名前で、大勝した1986年衆参同日選挙では中曽根勝利のために60億円以上もつぎ込んで支援していました。安倍元首相も統一協会の広告塔として大きな役割を演じ、そのために狙われ凶弾に倒れています。

少数者の権利や人権、ジェンダー平等に無関心であることはどの自民党政権にも共通する弱点ですが、戦前回帰を目指して靖国神社を参拝するなど中曽根と安倍は抜きんでています。中曽根元首相は1985年8月15日に戦後初の公式参拝を行い、安倍元首相も2013年12月に参拝してアメリカから「失望している」と批判されました。

7　岸田政権による安倍政治の拡大再生産
――右傾化・強権化・腐敗の継承

岸田首相が会長だった宏池会は吉田茂の愛弟子である池田勇人によって創設された本流派閥の代表でした。しかし、今では旧傍流右派の軍門に下り、改憲・大軍拡の先兵になっています。岸田政権は宏池会出身というリベラルの仮面を意識的に悪用し、安倍政治を拡大再生産していたことに注意しなければなりません。

その第1は、突出した改憲志向です。任期中に明文改憲を行いたいとの安倍元首相の野望を受け継ぎ、憲法審査会で改憲支持政党による条文案の作成などを画策しました。同時に、重要経済安保情報保護法（経済安保情報法）や改定防衛省設置法、改定地方自治法、武器輸出を可能にする次期戦闘機共同開発条約など、憲法第9条に反する実質改憲を推し進めています。経済安保情報法は安倍元首相が成立させた特定秘密保護法を民間分野に拡大するものですが、そのルーツは中曽根元首相が提出して廃案となったスパイ防止法案にあります。

第2は、着々と進められている従米・軍事大国化です。過去の政権は憲法を盾にアメリカからの要求を拒もうとする姿勢がありましたが、岸田政権はアメリカからの要求を受け入れるために憲法を変えようとしました。真逆とも言える変質です。中曽根元首相は軍事費のGNP比1%枠突破、安倍元首相は集団的自衛権の一部行使容認、岸田首相は5年間で国内総生産（GDP）比2%を上回る43兆円の大軍拡を打ち出し、敵基地攻撃（反撃）能力の保有を目指しています。「盾」だけでなく「矛」としての役割分担、専守防衛の変更、グローバル・パートナーシップに基づく日米一体となったシームレス（切れ目のない）な統合戦略などは、戦後安全保障政策の根本的な転換にほかなりません。

第3は、経済無策による国民生活の破壊です。安倍政権が推し進めた新自由主義的なアベノミクスと異次元の金融緩和によって円安が進み、物価高で国民はかつてない生活難に直面しました。経済政策重視を掲げて「所得倍増」などを打ち出したかつての保守本流の姿はどこにもありません。岸田首相も当初は「新しい資本主義」や「資産倍増」などを口にしていましたが、軍拡のための増税や子育て支援を名目にした社会保険料の増額、実質賃金の減少や年金の目減りなどによって国民負担率の増加が続いています。

第4は、「聞く力」によってカモフラージュされた民意の無視です。コンセンサス（合意）を重視した保守本流派閥にはもっと国民や野党の声を意識し尊重する姿勢がありました。今では、ことさら「聞く力」を強調せざるを得ないほどに、民意の無視が際立っています。その「耳」がどれほどのものであるかは、沖縄・辺野古での新基地建設推進、インボイスの強行実施、マイナカードの押しつけとマイナ保険証への切り替え強要、「いのち輝く」どころか「い

敵基地攻撃能力への転用が想定される主なスタンド・オフ・ミサイル

※イメージ図は防衛省提供。射程は取材などを基に推定

名称・射程	概要
12式地対艦誘導弾能力向上型　約900キロ以上	国産で地上発射型や艦艇、戦闘機搭載型も開発中。地上発射型は2026年度配備目指す。対地攻撃機能を加える構想も
島しょ防衛用高速滑空弾　約400キロ以上	国産で開発する地対地ミサイル。26年度配備目指す。高高度を飛び、迎撃が困難
極超音速誘導弾　不明	国産で研究開発中。実用化の時期は未定。音速の5倍以上で飛び、迎撃が困難
JSM　約500キロ	ノルウェー製の空対艦、空対地ミサイル。納入され次第、戦闘機F35に搭載予定
JASSM　約900キロ	米国製の空対地ミサイル。23年度に初めて取得費が計上され、戦闘機F15に搭載予定

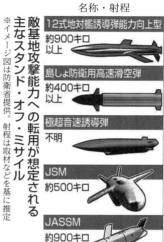

出所：「東京新聞」2022年9月1日付。

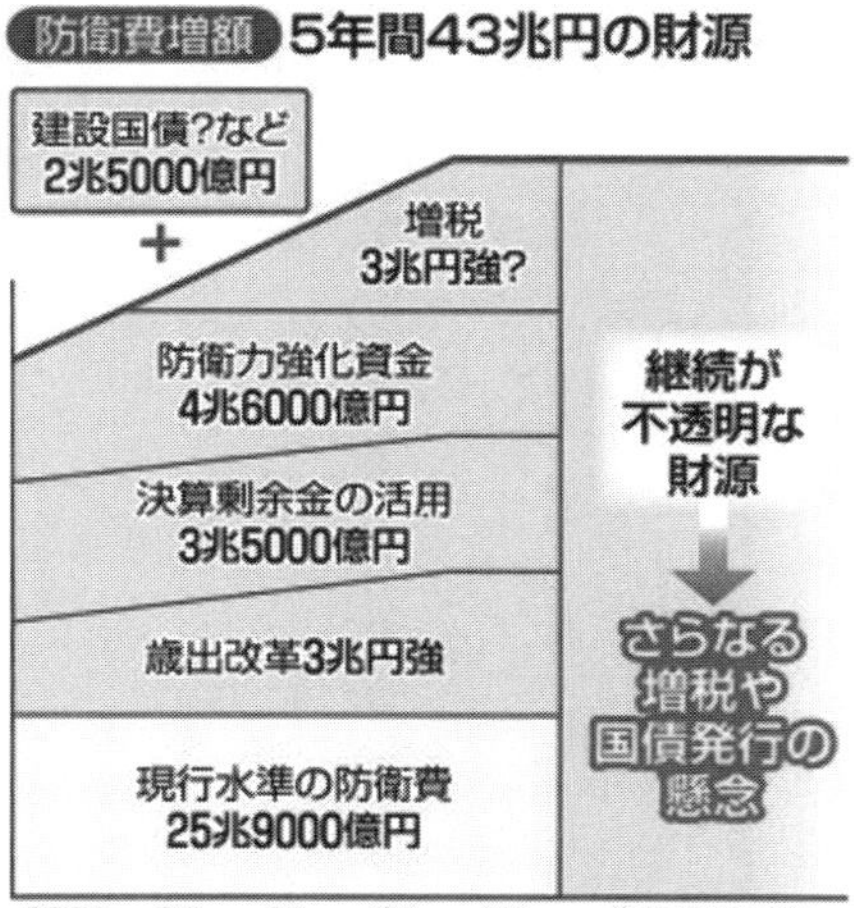

出所：「東京新聞」2022年12月17日付。

のち危うく」になりそうな大阪・関西万博の開催、水俣病患者団体との懇談会でのマイクオフなど、私たちが目にしていた通りです。

第5は、金権腐敗の極致としての裏金事件です。過去の自民党は、企業・団体献金の問題性をそれなりに認識していました。だから政治改革関連法によって個人向けの献金は禁止し、政党向けの献金も5年以内の禁止を飲んだのです。しかし、これは実施されず企業・団体献金はもとより、政治資金パーティーや政策活動費についても温存しようとしていました。金権腐敗政治にどっぷりとつかり、そこから抜け出す意志さえ失った腐敗政党へと変質してしまったのです。

むすび
——罰を与えるのは主権者としての国民

自民党は1980年代中葉に反憲法政治へと転じ、平和・安全・生活・営業・人権を破壊する悪政を続けながらも、「疑似政権交代」によって権力の座に居座り続けてきました。その最大の罪は政権交代のある民主主義を阻害し続けてきたことにあります。自民党が犯してきた数々の罪に対して、今こそきっちりとした罰を与えなければなりません。

ただし、自民党が犯した罪に対して全く罰が与えられなかったわけではありません。過去において危機に瀕した自民党は派閥間の抗争や「振り子の論理」によってあたかも政権交代したかのような外見を凝らすことで国民の目を欺き、2勝2敗の結果を残しています。危機は自動

岸田内閣の支持率の推移

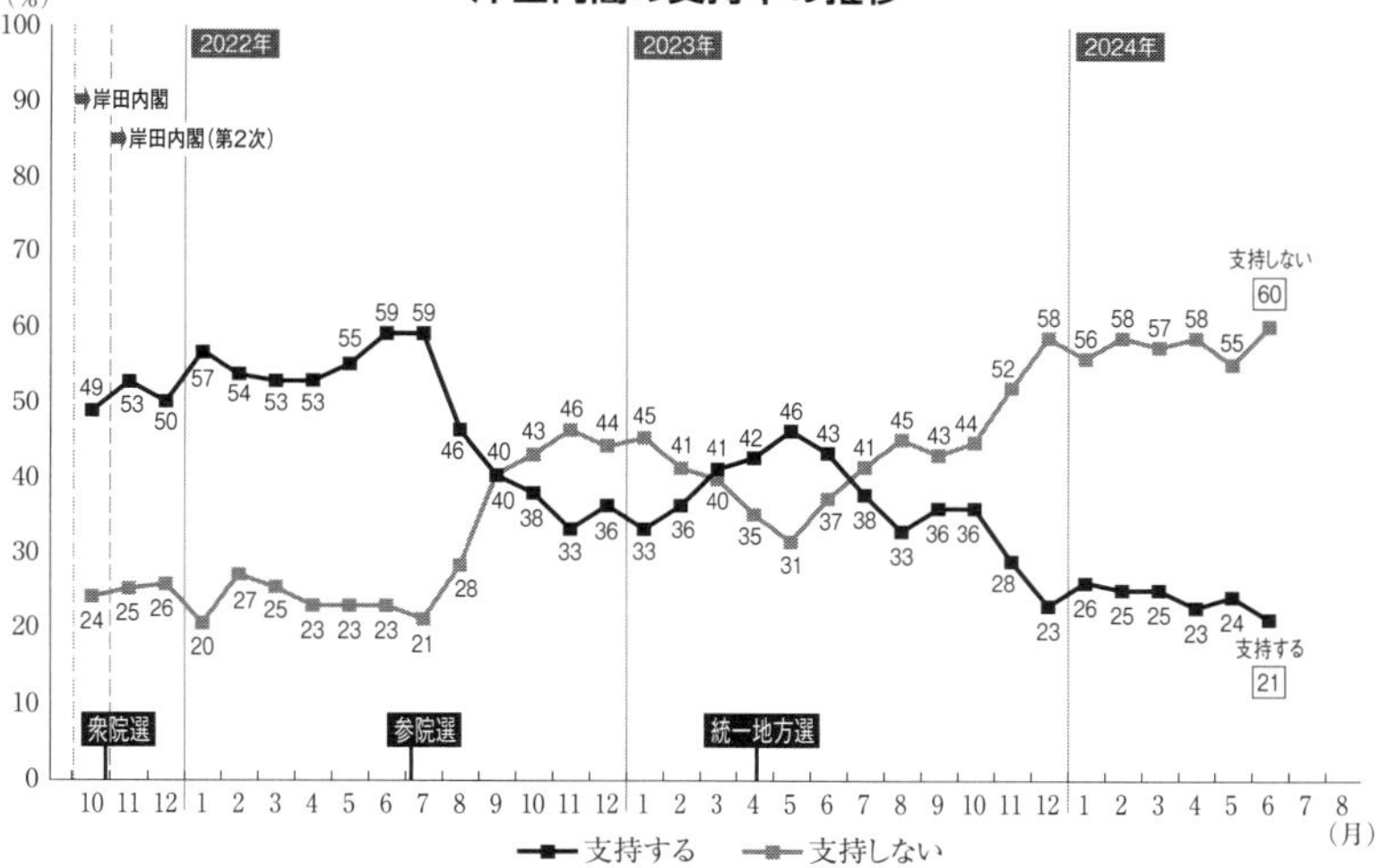

政党支持率の推移

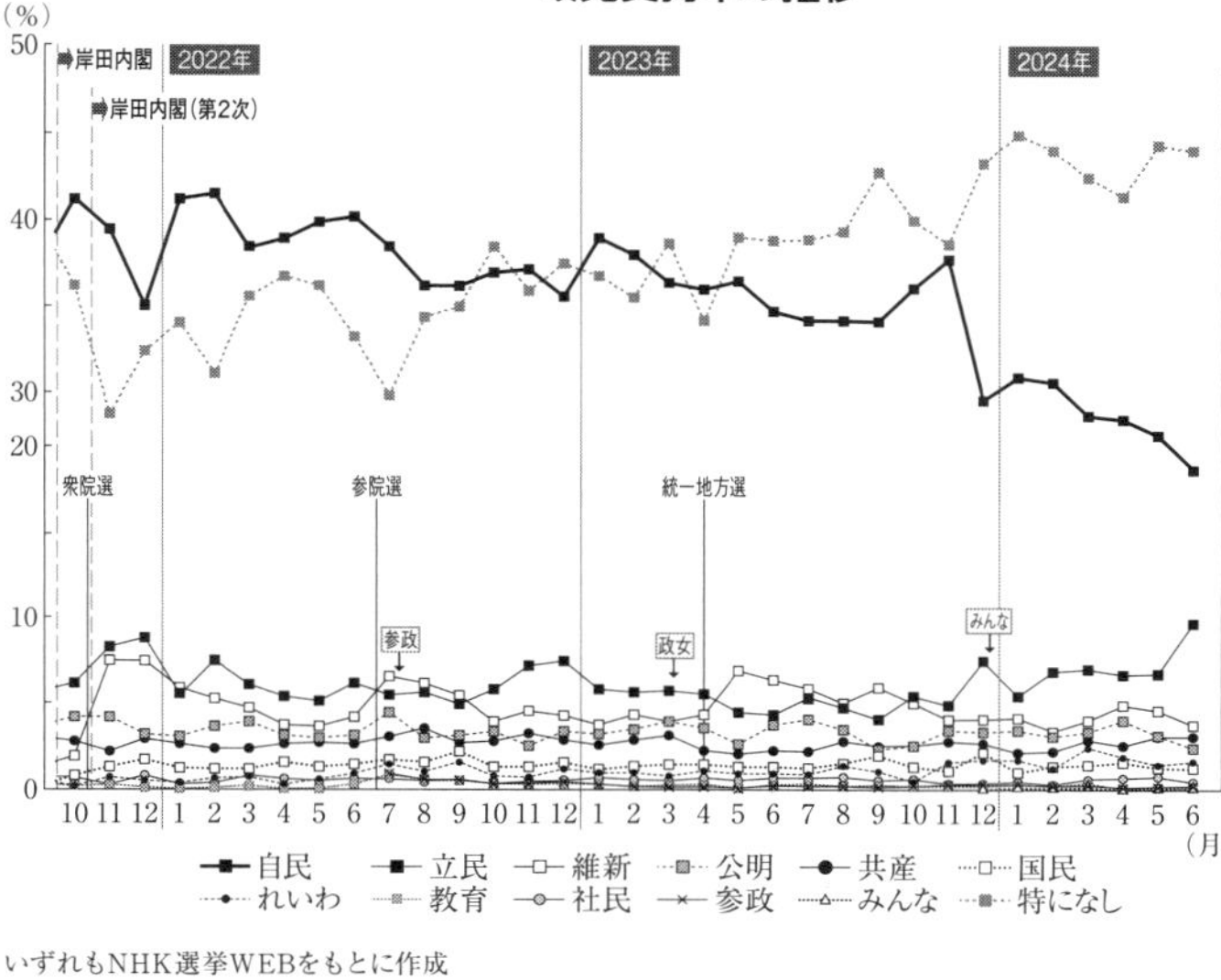

2024年6月	
支持政党	%
自民	22.5
立民	9.5
維新	3.6
公明	2.4
共産	3.0
国民	1.1
れいわ	1.4
社民	0.3
参政	0.2
みんな	0.3
特になし	44.0
分からない・無回答	8.1

いずれもNHK選挙WEBをもとに作成

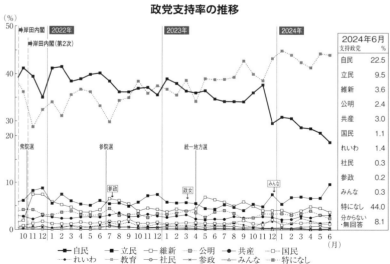

的に政権交代に結びつくわけではなく、国民の運動や選挙による審判がなければ生き延びてしまうのです。

裏金事件で自民党による宿痾（持病）の温存と自浄能力のなさが明らかになりました。党改革や政治改革は中途半端に終わり、金権化と腐敗が存続し、右傾化・金権化・世襲化という重病を治療する力を失っています。自らの力で治癒できないのであれば、国民の力で治療するほかありません。

宿痾を克服するチャンスを与えるのは、自民党がまともな政党に生まれ変わるためでもあります。国会の中で解決できないのであれば、国会の外で決着をつけるしかないのです。次の総選挙がその機会となるでしょう。それまでのあらゆる選挙で自民党とそれに連なる候補者に「ノー」を突きつけることが必要です。

自民党がこれまで犯してきた数々の罪に対して、はっきりとした罰を与えなければなりません。政権交代という形での明確な罰を。最近の世論調査に示されているように、国民もそれを望んでいるのではないでしょうか。政権担当者を交代させることこそ、生殺与奪の権を握っている主権者としての国民の役割であり権利なのですから。（文中敬称略）

第1章　自民党の裏金疑惑と岸田政権の行き詰まり

地元八王子の「学術・文化日本共産党後援会ニュース」のために書かれた論攷です。裏金事件に対する追及が強まっていたものの、衆院補選の結果が明らかになる前のものです。ここで、「岸田政権打倒に向けての追撃戦の先頭に立って共産党が共闘をリードし、今度こそ自民党政治の息の根を止めてもらいたいと大いに期待しています」と書いたのは、後援会のニュースだったからですが、事態はまさにその方向で推移しました。

1　自民党の組織的犯罪

「赤旗」の追及に「白旗」を上げた自民党、というところでしょうか。自民党の政治資金パーティーをめぐる裏金疑惑です。政治倫理審査会（政倫審）に岸田首相や安倍派の事務総長経験者などの幹部9人が出席して釈明しましたが、誰がいつどのようにして始め、何に使ったのかなど肝心なことは何一つ解明されませんでした。

裏金についての疑惑が晴れたというより、一層深まったというしかありません。ハッキリしたことは、政倫審ではハッキリしないということです。嘘をついたら罰せられる証人喚問が必要です。

岸田首相は「火の玉」になって取り組むと言っていましたが、「火だるま」になってしまいました。「解党的出直し」とも言っています。でも「解党」だけで結構、「出直す」必要なし、というのが国民の「回答」でしょう。

安倍派の事務総長経験者などの処分が検討されていますが、誰が何をやりどのような責任があるのかが不明なまま幕引きを図ろうとしているように見えます。そもそも、各自の「罪」がはっきりしないのに、どのような「罰」を与えようというのでしょうか。

今回の裏金疑惑は、個々の政治家と個別企業との間ではなく、自民党という政党全体と企業総体の献金という組織的犯罪です。その根は深く、再発を防止するためには献金自体を禁止するしかありません。そもそも30年前の政治改革で政党助成金が導入されたとき、企業・団体献金は禁止されるはずだったのですから。

それにしても、自民党はここまで腐ってしまったのか、と暗澹《あんたん》たる思いでいっぱいです。岸田首相も総理就任祝いのパーティーや統一協会との癒着についての疑惑があり、女性局がパリで研修名目の観光をしていたころ青年局は和歌山で女性ダンサーを招いてのふしだらなパーティーにうつつを抜かしていたのですから。

2　岸田政権打倒に向けての追撃戦

このようなスキャンダルの背後で、大軍拡に向けての動きだけは着々と進行し、政府は殺傷兵器の最たるものである戦闘機を輸出する閣議決定を行いました。「歯止め」に実効性はなく、国会は関与できません。1976年の国会答弁で宮澤喜一外相は「わが国は武器の輸出をして金を稼ぐほど落ちぶれていない。もう少し高い理想を持った国であり続けるべきだ」と述べていました。

平和国家としての「高い理想」を忘れて「落ちぶれて」しまったのが、今の日本です。「9条の経済効果」を失って国力を弱め、長期停滞で実質賃金は増えず、国内総生産（GDP）でドイツに抜かれて世界第4位になりました。1人当たりGDPでは22位、国際競争力では35位です。

2023年の出生数は過去最低で、死者数から出生数を引いた減少数は過去最大になっています。日本の政治・経済・社会はどれも危機に瀕し、がけっぷちにさしかかっています。そこから抜け出すには、自民党政治を終わらせるしかありません。

裏金疑惑で窮地に陥っている岸田首相に引導を渡す唯一可能で必要な道は、市民と野党の共闘です。非共産の壁をとり除いて野党が大同団結すれば、政権交代は可能だという発言が相次いでいることも注目されます。

大島理森《ただもり》元衆院議長は「野党各党が覚悟を決めて大同団結し、無党派層も流れていったら、野党が強くなる可能性はある」（「朝日新聞」2024年2月23日付）と指摘し、細川護熙元首相は「細川政権の8党派の時は非自民・非共産だったが、今度は共産党だって一緒にやった方がいい。そのくらいまでも抱合するような政治改革政権を目指すのがいいのではないか」（同2月27日付）と述べています。

裏金疑惑の発端は共産党の「しんぶん赤旗」日曜版によるスクープでした。政党助成金を受け取らず最もクリーンな政党は共産党です。市民と野党の共闘でも大きな役割を担っていただきたいと思います。岸田政権打倒に向けての追撃戦の先頭に立って共産党が共闘をリードし、今度こそ自民党政治の息の根を止めてもらいたいと大いに期待しています。

第2章　政権担当能力を失った自民党にさらなる追撃を

岸田退陣表明の後、自民党総裁選の最中に書いた論攷です。まだ、総裁選で誰が選ばれるかは不明で、解散・総選挙についてもどうなるかはわかりませんでした。それでも、「すでに総選挙への取り組みは始まっており、総裁選はそのプロセスの一環にすぎ」ず、「投票日は早ければ10月27日」と書きました。事態はそのように動き、10月27日投票の総選挙で自民党は歴史的な惨敗を喫することになります。

はじめに

全国戦没者追悼式が開かれる「終戦の日」の前日、2024年8月14日の午前に岸田文雄首相は急きょ記者会見を開いて、9月の自民党総裁選挙に立候補しないことを表明しました。突然の退陣表明は驚きをもって迎えられましたが、むしろ遅きに失したと言うべきでしょう。

岸田内閣の支持率は2023年末に3割を下回って以降、一度も回復しませんでした。国民の2割しか支持せず、6割以上が不支持を表明している内閣が半年以上も居座ってきたことの方が異常です。政権担当能力を失った岸田首相の退陣表明は当然でした。

これによって、自民党大軍拡・腐敗政治に対する追撃戦は、新たな局面に突入することになりました。岸田首相の出馬断念は、総裁選で勝利できても総選挙で勝てる展望を見いだせなかったからです。首相は側近に電話をかけ、「総裁選で勝っても、衆院選で勝つのは難しい」と説明していたそうですから。

これで安倍晋三元首相、菅義偉前首相、岸田文雄首相と、3代続いて政権投げ出しになりました。安倍元首相の場合は持病の悪化を理由としていましたが、新型コロナウイルス対策やアベノミクスの失敗による政権批判の高まりも背景にありました。菅前首相と岸田首相の場合は明らかに政権の行き詰まりと内閣支持率の低下によるものです。

岸田首相が総裁選立候補を断念した背景には何があったのでしょうか。自民党はどのような延命策を講じようとしているのでしょうか。それに対して私たちはどう対応し、自民党政治への追撃戦をどのように展開したらよいのでしょうか。岸田不出馬の背景と自公政権打倒の課題について検討したいと思います。

1　岸田首相はなぜ行き詰まったのか

岸田首相が続投断念を決断した最大の理由は、国民の信頼を失って行き詰まったからです。なぜ、政権を放り出すほどに信頼を失ってしまったのでしょうか。その最大の理由は、裏金事件への対応と処理にあります。

この事件に対する岸田首相の対応は小出しで後手に回り、実態解明は不充分、関係者の責任追及も処分も中途半端でした。政治改革規正法の改正も抜け道だらけで、肝心の企業・団体献

岸田退陣に至る主な出来事

2022年11月 「赤旗」のスクープで安倍派など5派閥が2018年～2020年に政治資金パーティーの収入計約2500万円を政治資金収支報告書に記載していなかったことが発覚。
以後、神戸学院大の上脇博之教授が2018～2021年の4年間の記録を調べ、自民5派閥で計約4000万円の不記載があったとして東京地検に告発。
2023年11月ごろ　東京地検特捜部が派閥の担当者らを事情聴取
2023年12月19日　東京地検特捜部、自民党安倍派と二階派を家宅捜索
2024年1月7日　安倍派池田佳隆衆院議員を東京地検特捜部が逮捕
安倍派 大野泰正参院議員在宅起訴、谷川弥一衆院議員略式起訴。その他起訴されたのは秘書など6人のみで議員は起訴なし。
1月19日　自民3派閥（安倍派、二階派、岸田派）が解散方針
2月29日　衆院で政治倫理審査会開催
4月28日　衆議院3補選で自民党全敗（東京15区、島根1区、長崎3区）
5月27日　静岡県知事選　自民党推薦候補落選
6月19日　改正政治資金規正法を自民、公明などで強行
7月 7日　東京都知事選挙、自民党相乗りの小池百合子氏が3選
7月12日　防衛省が自衛官218人処分、特定秘密の不適切運用やパワハラなど。海自トップの海上幕僚長は事実上の更迭
7月28日　日米2+2閣僚会合、PAC3ミサイル輸出決定
8月14日　岸田首相、9月の自民党総裁選に不出馬を表明

金や政治資金パーティー、政策活動費は温存されたままです。これでは国民の理解を得られるはずがありません。

岸田政権では裏金事件以外にも政治スキャンダルが相次ぎました。不祥事などの問題が発覚した政務3役や議員は約30人にのぼります。最近でも、勤務実態のない公設秘書給与を詐取した広瀬めぐみ参院議員や有権者に香典を違法に配ったりした堀井学衆院議員が辞職しています。このような政治腐敗事件が相次いだのも、岸田首相が「政治とカネ」の問題に真剣に取り組まなかったことの反映でしょう。

安倍晋三元首相の銃撃事件を契機に注目された統一協会と自民党との長年にわたる腐れ縁についても、岸田首相は真正面から向き合いませんでした。統一協会との癒着は岸田政権と自民党への不信を

かきたて、その実態と責任を明らかにしないまま逃げ切ろうとしたのは裏金事件への対応と同様の問題をはらんでいます。

2　岸田退陣は世論と民主主義の勝利

岸田首相は前任の安倍・菅政権との違いを際立たせるために「聞く力」をアピールし、「民主主義の危機」や「新しい資本主義」を強調しました。しかし、これらは単なるポーズにすぎませんでした。安倍元首相の「国葬」の強行にみられるように、民意を軽視し、反対意見に耳を傾けず、数の力で押し通すやり方は変わらなかったからです。閣議決定の多用という国会無視の政治運営、力ずくでの安倍的政治手法も踏襲されました。

このような強権的姿勢は国の根本にかかわる重要政策で顕著です。専守防衛政策を空洞化させる「敵基地攻撃（反撃）能力」の保有、殺傷兵器の輸出や攻撃的兵器の取得、防衛費の倍増を盛り込んだ安保3文書の策定などによって安全保障政策を大転換してきました、また、宏池会の会長だった岸田首相はハト派でリベラルという印象を悪用して大軍拡に着手し、「拡大抑止」によって「核の傘」への依存度を高め、グローバル・パートナーシップを宣言して日米同盟の強化と米軍との軍事的一体化を進めてきました。保守派にとり入るために憲法の条文を書き換えることに執念を燃やし、実質改憲の具体化との「二刀流」による憲法破壊（壊憲）に狂奔してきたのです。

原発の最大限活用への転換、「処理水」の海洋放出、辺野古新基地建設の大浦湾側での着工、マイナ保険証の強制などは安倍政権以上の悪政の連続です。アベノミクスの失敗と増税による国民生活の破壊、2年連続の実質賃金の低下と物価高、生活苦の増大と人口減少なども大きな問題になりました。このような政権が国民から見放されるのは当然です。岸田首相を退陣に追い込んだのは世論と民主主義の勝利だというべきでしょう。

3　自民党は何を狙っているのか

岸田政権の行き詰まりによって自民党は窮地に追い込まれました。裏金事件や統一協会との癒着は岸田政権になってからのものではなく、長年にわたる自民党政治によってもたらされたからです。端的に言えば、金権化という宿痾（持病）を治癒できず、憲法の国民主権や平和主義原則を軽んじ、基本的人権を踏みにじってきた歴代自民党政権による反憲法政治の行き着いた先にほかなりません。

私は28年前に『徹底検証 政治改革神話』（労働旬報社、1997年）という本を出しました。その帯には、「『政治改革』やり直しの提言」と書かれています。この「提言」は実行されませんでした。今回の裏金事件は、そのツケが回って来たということです。

その結果、政治的危機に直面した自民党は岸田首相を切り捨て、危機を乗り切ってきた「成功体験」に学ぼうとしました。たとえばロッキード事件での「ダーティー田中」から「クリーン三木」への転換、森喜朗首相から小泉純一郎首相への交代という「小泉劇場」による幻惑、そして、直近ではコロナ対策の失敗から政権を投げ出した菅義偉首相から岸田文雄首相への交代による総選挙での勝利です。

いずれも「振り子の論理」による「疑似政権交代」を演出することで支持を回復しましたが、実際には自民党政治の枠内での政権たらいまわしにすぎません。今回も同様の狙いのもとに、総裁選挙に国民の目を引きつけ、報道機関を利用したメディア・ジャックによって支持率の回復を図ろうとしました。

総裁選の期間は過去最長となり、石破茂元幹事長など過去最多の10人以上もの議員が立候補の意思を表明しました。いずれも総裁選への注目を高めるための策謀です。多数の出馬表明は派閥の縛りがなくなったからではなく、派閥の縛りがなくなったかのように装うためでした。旧派閥の領袖の支持をとりつけるために躍起となり、水面下での合従連衡《がっしょうれんこう》によって多数派工作がなされたのはこれまでと変わりません。

候補者が多くなれば、それだけメディアの注目を浴び、露出度も高まります。こうして国民の関心や興味を引きつけようというのが、自民党の狙いでした。それを知ってか知らずか、テレビなどは完全にジャックされ広告塔状態に陥ってしまいました。ＮＨＫが高校野球を中断して小林鷹之議員の出馬表明を生中継したのは象徴的な事例です。

４　解散・総選挙のプロセスはすでに始まっている

岸田退陣は総選挙での敗北を避けるためのものでした。自民党の狙いは、総裁選への注目度を高めて危機を乗り切ろうというものです。いずれも、焦点は総選挙に向けて結ばれています。岸田退陣表明以降、すでに総選挙への取り組みは始まっており、総裁選はそのプロセスの一環にすぎません。

立候補の意思を表明した12人は、いずれも世論の反応を見るための「観測気球」です。「選挙の顔」選びですから、政治家としての力量などの中身ではなく、選挙で票を集められる人気のある人が選ばれるでしょう。前著で指摘したように、小泉進次郎元環境相による「『小泉劇場』の再現を狙っている」（『追撃　自民党大軍拡・腐敗政治』115頁）ように見えます。

10人以上も立候補したのに、誰一人として憲法を守るという人はいません。改憲論の大合唱です。憲法尊重擁護義務を定めた第99条に違反する人ばかりです。続投を断念した岸田首相が改憲の論点整理を指示し、早期の発議に向けて縛りをかけたのも異常です。

岸田首相退陣の理由が裏金事件や統一協会の問題であったにもかかわらず、その再調査や統一協会との絶縁を表明する人も、これらの問題に厳しい対応を打ち出す人もいません。みな「臭いものにふた」をする「同じ穴のムジナ」にすぎないのです。

新総裁の選出と新内閣の成立によって「刷新感」を演出し、「ご祝儀相場」で支持率を引き上げ、ボロが出ないうちに解散を打って総選挙になだれ込む作戦だと思われます。それがどのような経過をたどるかは不明ですが、2021年の菅首相から岸田首相への交代が参考になります。

菅首相は9月3日に退陣を表明し、総裁選は今回より2日遅い9月29日に実施されました。その後、10月4日の臨時国会召集、岸田内閣発足、所信表明演説と続き、解散は10月14日、総選挙の投票日は31日でした。「2匹目のドジョウ」を狙って似た経過をたどるとすれば、総選挙の投票日は早ければ10月27日、遅くても11月10日になる可能性が高いと思われます。

5　追撃戦の課題と展望

岸田首相の退陣によって、政権交代に向けての歴史的なチャンスが生まれました。解散・総選挙に向けての追撃戦を展開することで、このチャンスを活かさなければなりません。大軍拡・腐敗政治によってやりたい放題の悪政を押しつけてきた自民党に、その罪を自覚できるだけの強烈な罰を与えるには政権から追い出すのが最善です。

とはいえ、それは簡単なことではありません。1割台にまで支持率を低下させた森元首相から政権を引き継いだ小泉首相が「自民党をぶっ壊す」と言って自民党を救った前例があります。3割台にまで支持率を減らして退陣せざるを得なくなった菅元首相から政権を引き継いだ岸田首相も、劇的に支持率を回復させて総選挙で勝利しました。この「成功体験」を繰り返そうとしているのが今の自民党です。

この自民党の狙いを見破り、国民に幅広く知らせることが何よりも重要でしょう。情報戦で勝利しなければなりません。メディアに対する監視と批判を強め、私たち自身の情報リテラシー（判断・理解能力）を高めてだまされないようにすることも大切です。SNSなどを通じた情報発信や都知事選で注目を集めた「1人街宣」、集団でのスタンディングなども有効でしょう。

また、野党には政権交代を視野に入れた幅広い連携を求めたいと思います。通常国会で実現した裏金事件での真相究明のための連携を総選挙でも継続してもらいたいものです。裏金事件や統一協会との腐れ縁に怒りを強めている保守層にも、今度だけは自民党にきついお灸をすえなければならないと訴えるべきでしょう。イギリスでの政権交代は、労働党への支持の高まりというより、保守党に対する失望によるものだったのですから。

市民と共産党を含む野党の共闘を再建するための働きかけを強めることも必要です。立憲民主党には改憲と戦争法に反対した立党の原点を忘れず共闘の立場に立つ代表の選出を求め、各選挙区だけでなく可能な限り全国的な「連携と力合わせ」によって有権者の期待を高める必要があります。支持団体の連合には共闘を妨害したり足を引っ張ったりしないように働きかけ、「選挙は政党に任せて余計な口出しはするな」と言うべきです。

たとえ自民党が議席を減らしても、維新の会のような「第2自民党」がすり寄るのでは政権交代を実現できません。議席の減らし方によっては国民民主党や前原グループ（教育無償化を実現する会。のち日本維新の会に合流）が加わる可能性もあります。このような形で自民・公明の連立政権を助けないようにけん制する必要もあります。

絶好のチャンスをどう活かすかが問われています。腐れ切った自民党大軍拡・腐敗政治に対する追撃戦で勝利し、政権交代に向けて希望の扉を開かなければなりません。そのための決戦が間もなくやってくるにちがいないのですから。

資料

裏金事件巡る「調査」と処分

裏金議員（自民党アンケート調査、2018～22年）	○現職国会議員82人（衆院51人、参院31人）、選挙区支部長（元職）3人の計85人。総額5億7949万円 ○池田佳隆衆院議員（党除名）、大野泰正参院議員（離党）、谷川弥一前衆院議員（議員辞職）を含まず ○アンケートは政治資金収支報告書への記載漏れの有無とその金額の二つだけ
刑事処分	国会議員3人、会計責任者7人の計10人
自民党処分	85人のうち、安倍派、二階派の計39人を処分。46人の処分は見送り。「5年間で500万円以上の裏金額」で線引き
政治倫理審査会への出席	9人（岸田首相のぞく）。 衆参政倫審で審査・出席を議決された73人は拒否

資料：「しんぶん赤旗」2024年8月16日付

国民世論は政権交代を望む

2024年の各社世論調査の結果

共同通信（4/13～15調査）
【問い】次期衆院選の望ましい結果は？
「与党と野党の勢力が伯仲する」 50.5%
「与党と野党が逆転する」 23.8%
「与党が野党を上回る」 17.7%

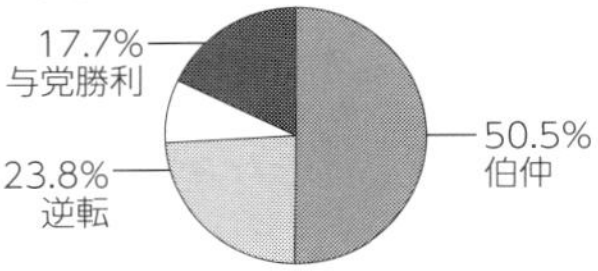

朝日新聞（4/20～21調査）
【問い】今後の望ましい政権
「自民党以外の政党による政権」 48%
「自民党を中心とした政権」 39%

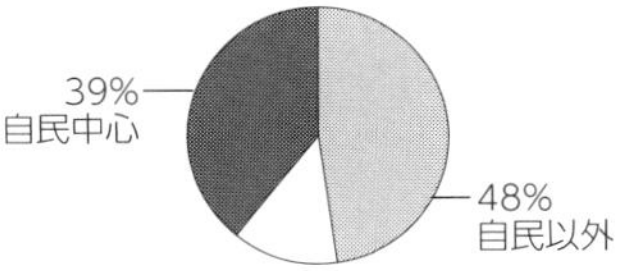

産経新聞+FNN（4/20～21調査）
【問い】次期衆院選後の政権のあり方について
「政権交代を期待」 52.8%
「自民党中心の政権の継続を期待」 40.1%

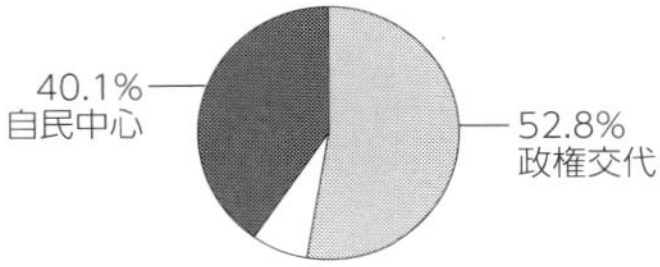

日本経済新聞（4/29～30調査）
【問い】衆院選後の政権のあり方
「自公政権だが与野党の議席が互角」 43%
「政権交代」 28%
「自民、公明両党の連立政権の継続」 20%

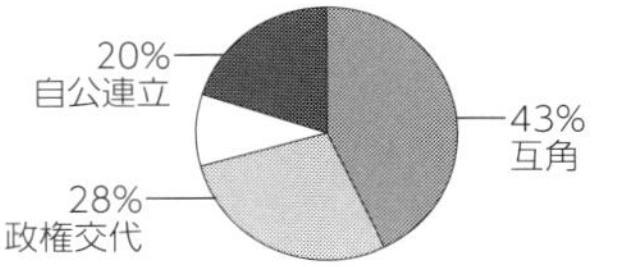

毎日新聞（4/20～21調査）
【問い】衆院選で政権交代してほしいか
「政権交代してほしい」 62%
「政権交代してほしくない」 24%

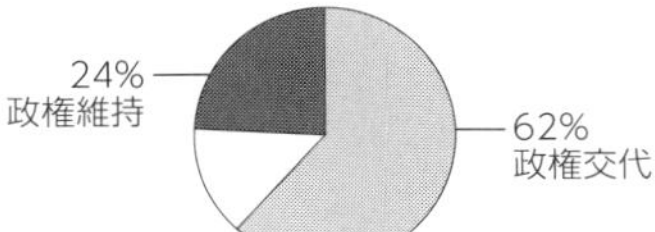

時事通信（7/5～8調査）
【問い】次期衆院選後に期待する政権の在り方
「政権交代」 39.3%
「自民党中心の政権継続」 36.3%

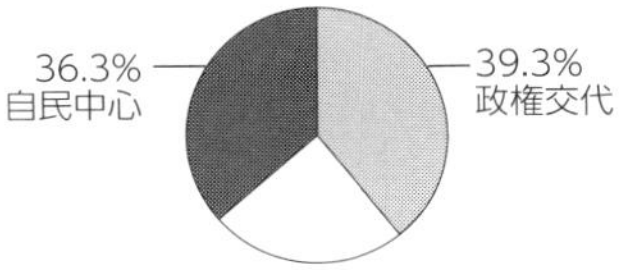

第3章　共闘の力で自民党政治さよならの大運動を

これは自民党総裁選の直後に書かれたもので、「石破茂新総裁を選出して解散・総選挙での逃げ切りを画策してい」ると指摘しています。私が代表世話人をしている東京革新懇（平和・民主・革新の日本をめざす東京の会）のニュースに掲載されました。「過去8年の間、62自治体で40の共闘候補を擁立し、先の都知事選も野党共闘でたたかうことができました」と書いているのは、そのためです。

はじめに

歴史的なチャンスが巡ってきました。岸田首相が総裁選への立候補断念を表明したからです。危機に陥った自民党は総裁選でメディア・ジャックを謀り、石破茂新総裁を選出して解散・総選挙での逃げ切りを画策しています。

総裁選でイメージ・チェンジを狙い、国民の注目を集めて支持率を回復しようというわけです。そのために選挙期間を最長の15日間とし、候補者も過去最多の9人になりました。

しかし、岸田首相の出馬断念の背景には、政権と自民党政治の深刻な行き詰まりがあります。それはテレビでの露出度の増大など小手先のまやかしで乗り切れるほど簡単ではありません。自民党による長年の悪政の積み重ねによるものだからです。

安倍政権から続く菅・岸田という三内閣連続での政権投げ出しはこの国の土台の腐食に原因があり、かつては一流だとされた経済も政治とともに劣化への道をたどってきました。政権担当能力を失った自民党の総裁の椅子に誰が座ったとしても、立て直すことは不可能です。

総選挙で決着をつけるしかありません。日本をぶっ壊してきた自民党政治の罪に対して、今こそはっきりとした罰を与えるべきでしょう。政権から追い出すという形での明確な罰を。

1　二重の意味での行き詰まり

岸田首相を追い詰めたのは世論の力でした。内閣支持率は2023年暮れに3割台を切り、一度も回復しなかったからです。2024年4月の衆院3補選、静岡県知事選や前橋市長選、小田原市長選などの首長選挙でも自民党は連戦連敗が続き、岸田首相はたとえ自民党総裁に再選されても1年以内に実施される総選挙では勝利できないと判断したのでしょう。

このような人気低落の最大の要因は自民党派閥の裏金事件と統一協会との癒着でした。いずれも岸田内閣以前からの組織犯罪です。裏金事件では、それがいつからどのような経緯で、誰が始めて何に使ったのか、いまだに明らかになっていません。再発防止策も小手先のごまかしに終始しました。統一協会と自民党との腐れ縁についても、再調査や実態解明がなされず、問題は先送りされたままです。

岸田内閣は、三自衛隊の統合司令部新設のための改定防衛省設置法、自治体を戦争に協力させる改定地方自治法、特定秘密保護を産業分野にまで拡大する経済秘密保護法の成立や殺傷兵器の輸出を可能にする次期戦闘機共同開発条約の批准などを強行し、安保政策の転換と大軍拡を推し進めてきました。

「聞く力」は形だけで国会軽視と強権姿勢は変わらず、安倍政治の拡大再生産にすぎません。辺野古新基地建設、インボイスの導入、マイナカードやマイナ保険証の強要、大阪・関西万博の推進、米兵犯罪の隠蔽など、民意無視も止まりません。

右傾化・金権化・世襲化という自民党の宿痾（持病）はますます悪化し、岸田政権になってから党役員や大臣などの辞任・解任は約30人にのぼります。最近でも、広瀬めぐみ参院議員と堀井学衆院議員の辞職・起訴がありました。持病が全身を蝕《むしば》むようになっているのです。

私は28年前に『徹底検証 政治改革神話』（前掲）を刊行して、「政治改革」のやり直しを提言しました。このとき政党助成金が導入されたにもかかわらず企業・団体献金が温存され、政治資金の二重取りによって自民党は焼け太りしたのです。そのツケが回ってきたということになります。このとき企業・団体献金や政治資金パーティーを禁止していれば、今回のような裏金問題は起きなかったはずですから。

2 総裁選で露呈した自民党の劣化

自民党の総裁選では12人が出馬の意向を示し、9人が立候補しました。あたかも派閥の縛りがなくなったかのような印象を振りまき、メディアでの露出度を高める作戦だったと思われます、一見すれば多士済々のようですが、売名のチャンスだと思い「我も我も」と手を挙げたにすぎません。

9人も立候補したにもかかわらず、その主張に大きな違いはなく、明確な共通性がありました。誰一人として触れなかったテーマがたくさんあるからです。それは裏金事件の再調査であり、企業・団体献金や政治資金パーティーの禁止であり、統一協会との腐れ縁の断絶という問題でした。

とりわけ統一協会の問題では、総裁選中に組織的な癒着を示す新たな事実が明らかになりました。「朝日新聞」がスクープしたもので、統一協会や国際勝共連合の会長と安倍元首相が総裁応接室で面談し、実弟の岸信夫元防衛相と側近の萩生田光一元経済産業相が同席していました。2013年の参院選公示の4日前で参院選比例候補だった元「産経新聞」政治部長への支援を確認するものだったといいます。自民党が組織ぐるみで反社会的なカルト集団と癒着していたことを明確に示す新たな事実でしたが、この問題について再調査して関係を断絶する意向を示した候補者は一人もいませんでした。

また、各候補者はアベノミクスの失敗や消費税減税、物価高対策、お米の安定供給などについても口をつぐみ、明文改憲の推進や原発の容認、日米同盟維持など大軍拡・大増税の推進については足並みをそろえています。退陣が決まっている岸田首相が改憲促進を申し送って次期首相に縛りをかけましたが、これに異を唱える人はいませんでした。

岸田政権を支えてきた幹部の無自覚と無責任もあきれるばかりです。茂木敏充幹事長、林芳正官房長官、上川陽子外相、河野太郎デジタル相、高市早苗経済安保相などは、これまでとは異なった政策も打ち出していますが、その多くは野党の政策のパクリで、岸田政権を支えてきたことへの反省は全くありません。

若手とされる小林鷹之前経済安保相は選択的夫婦別姓や同性婚に反対するなど最も保守的な伝統的家族観を示し、小泉進次郎元環境相による解雇規制の緩和など「聖域なき規制改革」も、父親である小泉純一郎元首相が20年以上も前に掲げた「聖域なき構造改革」の焼き直しにすぎません。いずれも時代錯誤で、あまりにも古い自民党の体質を象徴するものでした。

大きな曲がり角にあり、「新たな戦前」に向かう「衰退途上国」としての日本をどう立て直すのか。GDPでドイツに抜かれて4位になり、国民1人当たりGDPでは22位、国際競争力でもかつての1位から35位にまで後退している現状からどう抜け出すのか。東アジアの平和と豊かな日本の将来ビジョンを示している候補者も皆無でした。

グローバル・パートナーシップを掲げて地球規模でのアメリカ追随を深め、日米軍事一体化によって防衛（盾）だけでなく攻撃（矛）も担うとする「戦争する国」への変貌と専守防衛の放棄、攻撃的兵器の取得と輸出に前のめりで、米軍の先兵として戦争に巻き込まれる危険性をどう防ぐのか、全く展望が示されていません。

3　活路は共闘にあり

「振り子の論理」による「疑似政権交代」を許さず、自民党政治への追撃戦によって政権の座から追い出さなければなりません。そのための唯一の活路は市民と野党の共闘にあります。

自民党を政権から追い出すには野党第1党の立憲民主党の議席だけでは足りないからです。

立憲民主党の新しい代表に選ばれた野田佳彦元首相は、一方では消費税減税に消極的で原子力発電の容認や日米同盟基軸などの「現実的政策」を掲げながら、他方では野党の最大化を図るとして「誠意ある対話」を呼びかけています。自民党を離れた保守中道勢力を引き寄せるためだとしていますが、野党連携のあり方については大きな課題を残しています。

いずれにせよ、自民党政治にさよならをするためには、野党勢力が力を合わせて追い込むしかありません。改憲を阻止し、分断と裏切りを許さず、反腐敗包囲網を継続しつつ共闘を再建することが野党の側の課題です。

裏金事件と統一協会との癒着は自民党の最大のアキレス腱になっています。総選挙でも主要な争点としなければなりません。野党が一致して自民党を孤立させ、これまで支持していた保守や中間層を離反させる可能性が生まれているのですから。

維新など「第二自民党」のすり寄りや裏切りを許さず、共産党を含む幅広い共闘の再建をめざさなければなりません。裏金事件追及の突破口を開いたのは共産党の機関紙「しんぶん赤旗」日曜版でしたし、統一協会や国際勝共連合と真正面から対峙《たいじ》してきたのも共産党だったのですから。

この点で、立憲民主党の野田新代表が共産党と政権を共にしないという姿勢を示し、戦争法の違憲部分を「すぐに廃止できない」と表明しているのは大きな問題です。そもそも戦争法への反対は立憲民主党の立党の原点であり、野党共闘の出発点ではありませんか。そこに立ち返ることを求めたいと思います。

市民と野党の共闘では、大きな実績を積み重ねてきた東京革新懇の役割は極めて大きくなっています。過去8年の間、62自治体で40の共闘候補を擁立し、先の都知事選も野党共闘でたたかうことができました。立憲民主党の都連は共闘を否定していません。この経験と条件を活かすことが必要です。

来るべき総選挙は、国政から犯罪者集団を一掃するための貴重な機会となるでしょう。法の網の目をかいくぐって利益を図ったり目的を達成したりする悪弊は政治家や企業経営者を蝕み、不正行為は自衛隊にまで及んでいます。このような歪みを正し、立法府にふさわしい政党と議員を選ぶことでしか、政治に対する国民の信頼を回復することはできないのですから。

第4章　自民党の総裁選と立憲民主党の代表選の結果をどう見るか

9月27日の自民党総裁選と9月23日の立憲民主党の代表選挙について分析した論攷です。石破新総裁については、「選挙の顔より安定感と論戦力」で選ばれたことや「『石破話法』と危険な本質」を指摘しています。他方、野田新代表については、「懸念と危惧」を明らかにし、野党間の連携によって「自民党を政権の座から追い出す歴史的チャンスを活か」すことを求めています。

はじめに

自民党の総裁選は9月27日に実施され、決選投票の結果、高市早苗経済安保相を破って石破茂元幹事長が選出されました。9人もが立候補し、15日間にわたって展開された異例の総裁選でしたが、投票の結果は図1のようになっています（46頁）。

石破候補にとっては「5度目の正直」となったわけですが、「昔の名前」であることは否めず、女性初の総理になったかもしれない高市候補に比べれば話題性に欠け、「刷新感」もありません。5度目ということは、過去4回も総裁にふさわしくないと判断されたわけです。

今回は「消去法」で選ばれたように見えます。そんな人しか残っていなかったのか、と言いたくなります。自民党の人材の欠乏であり、行き詰まりの一例にほかなりません。

他方、自民党の総裁選より4日早い9月23日に実施された立憲民主党の代表選は、決選投票の結果、枝野幸男元代表を破った野田佳彦元首相が新しい代表に選ばれました。第1回投票と決選投票の結果は、図2のとおりになっています（46頁）。

政権与党である自民党の総裁選と野党第1党である立憲民主党の代表選の結果をどう見たらよいのでしょうか。その背景や要因、今後の課題などについて検討したいと思います。

1 選挙の顔より安定感と論戦力

自民党総裁選で注目されるのは、最も有力とみられていた小泉進次郎元環境相が第1回投票で3位となり、決選投票に残れなかったことです。総選挙に向けて画策されていた「小泉劇場」の再現という狙いは頓挫し、小泉新総裁の登場で「ブーム」を起こし、「ご祝儀相場」で支持率の高いうちに解散・総選挙になだれ込むという策謀は不発に終わりました。

小泉候補が失速した最大の要因は、選挙中の発言や候補者同士の受け答えにありました。その言動によって早々とメッキが剥げてしまったからです。主要な政策として掲げた労働規制の緩和など「聖域なき規制改革」は、父親の純一郎元首相による「聖域なき構造改革」の二番煎じで、他の候補者からも批判されました。

総裁選出の基準は2通りあり、一般の党員は「事実上の首相」を選ぶつもりで、国会議員は「選挙の看板」を選ぼうとしたのです。総裁選後ただちに選挙に直面する可能性のある衆院議員にとっては、「次の首相より次の選挙」という意識が働きました。議員票で小泉候補は最多

図１　自民党総裁選挙　結果

2024年9月27日

１回目の投票結果

候補者	合計	国会議員票	党員票
高市 早苗 氏　☆	181	72	109
石破 茂 氏　☆	154	46	108
小泉 進次郎 氏	136	75	61
林 芳正 氏	65	38	27
小林 鷹之 氏	60	41	19
茂木 敏充 氏	47	34	13
上川 陽子 氏	40	23	17
河野 太郎 氏	30	22	8
加藤 勝信 氏	22	16	6

決戦投票結果

候補者	合計	国会議員票	都道府県連票
石破 茂 氏	215	189	26
高市 早苗 氏	194	173	21

資料：NHK ニュース WEB サイトより

図２　立憲民主党代表選挙　結果

2024年9月23日

１回目投票結果

候補者	合計	国会議員・候補予定者	地方議員・党員・サポーター
野田 佳彦 氏　☆	267	128	139
枝野 幸男 氏　☆	206	83	123
泉 健太 氏	143	84	59
吉田 晴美 氏	122	73	49

決選投票結果

候補者	合計	国会議員・候補予定者	都道府県連
野田 佳彦 氏	232	204	28
枝野 幸男 氏	180	161	19

の75票、高市候補も72票と善戦し、石破候補が46票にすぎなかったのはこのためです。

しかし、もともと経験不足や能力が疑問視されていた小泉氏は、次の首相としては頼りなく、立憲民主党の代表に野田元首相が選出されたため、論戦で対抗できるのかという不安感が高まり、選挙の顔としても見放されたのではないでしょうか。

2　決選投票での攻防

総裁選でのもう一つの注目点は、高市候補が猛追して第1回投票でトップに立ったことです。高市候補は議員票で小泉候補とわずか3票の差にすぎず、党員票では石破候補を1票上回る109票を得ました。麻生派の会長である麻生太郎副総裁が1回目から高市氏に投票するよう指示したためです。

この結果、高市候補は石破候補とともに決選投票に進み、21票の僅差で敗れました。その勝因も敗因も、旧安倍派との密接なつながりにあったと思われます。安倍政治の後継者を自認し、保守的な岩盤層の支持を得たことが、第1回投票でトップになり、決選投票では敗れた要因です。

高市候補の推薦人の多くを旧安倍派に頼った結果、13人の裏金議員が名を連ねることになり、首相になってからも靖国神社への参拝を続ける意向を示していました。安倍元首相の参拝にアメリカが失望したとの声明を出したことを忘れたのでしょうか。このような政策や姿勢が、安定性を欠くと警戒されたように思われます。

決選投票では石破氏が逆転勝利しました。石破候補の議員票は１４３票も増え、高市候補の得票は１０１票の増加にとどまりました。国会議員票が石破候補に雪崩を打って集まったことがわかります。

世論調査をすれば「次の首相」として常にトップになり、知名度と「国民的人気」があるとみられたことが、総選挙の看板としても役に立つと感じさせたのでしょう。２０２５年7月の選挙を控えている参院議員も、それまでの国会審議での論戦力への期待感を高めたのかもしれません。

小泉・石破・河野という3人の「小石河連合」、同じ神奈川県選出で小泉氏や河野氏とつながりの深い菅前首相、高市氏を警戒した岸田首相の支援も大きな意味を持ったと思われます。石破氏は前回の総裁選で立候補せず、河野太郎氏支持に回りました。その借りを返してもらったのかもしれません。

3　新総裁の「石破話法」と危険な本質

石破新総裁は「軍事オタク」として知られ、タカ派の論客でもあります。原則論を主張するけれど具体策に乏しく、国民受けする正論を述べながら批判や反発に合うとトーンダウンしてしまいます。これが「石破話法」の特徴ですが、それは総裁選の最中にも見受けられました。

象徴的なのは裏金議員の公認問題です。出馬会見で「公認にふさわしいかの議論は徹底的に行われるべきだ」と公認しないことを示唆していたのに、その後トーンダウンし、「選挙対策本部で適切に議論して判断する」と明言を避けました。結局、原則公認となり、「裏切った」と批判されています。

金融所得課税の問題も同様です。金融所得や法人税に対して課税を強化する政策を打ち出しましたが、党内からの反発にあってひっこめてしまいました。岸田前首相も当初、金融資産への課税、「新しい資本主義」や「令和の所得倍増」などの政策を打ち出していましたが、いずれも公約倒れに終わりました。石破氏の場合も同様でしょう。

裏金事件では「ルールを守る」ことを主張し、「有権者は納得していない」と述べながらも、再調査には慎重姿勢を崩しませんでした。統一協会の問題も同様で、正論を述べるが具体策がない「石破話法」の典型です。

外交・安保政策では、共同防衛義務を有するアジア版ＮＡＴＯ（北大西洋条約機構）の創設、非核３原則の「持ち込ませず」の見直しと核共有、米軍基地の自衛隊との共同管理、アメリカでの自衛隊の訓練基地の設置など、極めて危険な政策が打ち出されています。古くからの改憲論者としても知られ、第9条第2項の撤廃が持論でした。安倍元首相以上に危険な改憲論なのです。

このほか、日米地位協定の改定や最低賃金の引き上げ、予算委員会などでの論戦を通じて総選挙に向けて国民に判断材料を提供するべきだなど、比較的まともなことも言っていました。これが原則論にとどまるのか、それとも正論を貫くことができるのかが注目されましたが、結局「手のひら返し」に終わり、言行不一致と変節ばかりが目立つ結果となっています。

4 野田新代表への懸念と危惧

立憲民主党の代表選で注目されるのは、決選投票での投票結果です。全体では野田232票、枝野180票と52票の差がついていますが、国会議員票では野田144票、枝野126票と18票の差しかありません。しかも第1回投票との比較では、野田90+泉58=148票、枝野66+吉田56=122票ですから、野田氏は泉氏の、枝野氏は吉田氏の支援を得たと思われますが、決選投票の結果は野田氏が4票少なく、それは枝野氏に回ったとみられます。

これらの結果は、野田氏は勝利したとはいえ圧勝ではなかったということ、野田氏を支持しつつも一定の懸念と危惧があったことを物語っているように思われます。

その第1は、基本姿勢にあります。野田新代表は「本気で政権を取りに行く覚悟」を示し、「野党の議席を最大化する」ために、「それぞれの野党と誠意ある対話を続けたい」と述べていました。裏金事件などで自民党を離れた「穏健な保守層」を取り込むために「リベラルな方向と仲良くやりすぎているイメージ」を払しょくして「中道右派」の路線に転換するとしています。その結果、これまでのリベラルな支持者が離れるリスクが生じるかもしれません。

第2は、過去の失敗にあります。野田新代表は2011年9月から民主党政権の首相を務めましたが、政権公約（マニフェスト）にもなかった消費税増税などの「三位一体の改革」を推し進め、小沢グループの離党など分裂を招き、解散・総選挙の結果、野党に転落しました。民主党政権の自壊と自民党の復帰を許した「戦犯」だったのです。その責任を反省しているのでしょうか。

第3は、掲げている政策にあります。外交・安全保障政策では日米同盟基軸論に立ち、戦争法の違憲部分についても「すぐに廃止できない」と改めることには消極的です。原発容認、消費税維持などの点でも「現実的」な政策を掲げています。これでは、政権が代わっても政治は変わらないということになりかねません。そもそも、自民党と変わらない政策を掲げた野党に投票することに意味があるのでしょうか。

5　融和と連携は可能か

このような懸念と危惧があるにもかかわらず、野田元首相は新しい代表に選ばれました。その最大の要因は元首相としての経験と安定感であり、弁論と論戦力への期待です。このような新代表の選出は、対等にやりあえる首相としての資質を重視する点で、小泉進次郎候補の「失速」を招くなど、自民党の総裁選にも影響を与えたかもしれません。

しかし、それでも野田新代表の前途には大きな課題が横たわっています。総裁選で生じた対立を解消して立憲民主党内での融和を図れるかという問題です。

野田新代表は、選出時のあいさつで「今日からノーサイド。挙党態勢で政権を取りに行こう」と呼びかけましたが、その後の執行部人事はそうなっていません。幹事長に小川淳也前政調会長、政調会長に徳重和彦衆院議員、国対委員長に笠浩史国対委員長代理などの中堅を起用して「刷新感」を出そうとしましたが、いずれも野田新代表を支援していたため「あからさまな論功行賞人事」だと批判されました。決選投票で争った枝野幸男元代表は最高顧問に祭り上げられています。

また、他の野党との連携も簡単ではありません。野田新代表は「対話」を強調して幅広く選挙協力を進めようとしていますが、野党第2党の維新の会は「協力することは一切ない」と拒否しています。国民民主党は様子を見ている段階ですが、「政策と憲法は現実路線を」と求めており、さらに右の方へと引き寄せようとするでしょう。

共産党との関係では、野田新代表は「対話」を否定していませんが、「政権を共産党と一緒に担うことはできない」と排除の姿勢を示し、共産党の田村智子委員長は「最初から拒否することは看過できない」と反発しています。

しかし、政治の現状は市民と立憲野党の協力・共同でしか打開できません。草の根からの共闘の新たな発展に向けての努力が、ますます重要になっています。

野党が分裂すれば、喜ぶのは自民党です。小選挙区で「漁夫の利」を与えないためにどうするのか、どう分立を克服して一本化するのか、工夫するべきです。表紙が石破新総裁に代わっても、大軍拡・腐敗政治という中身に変わりはありません。自民党を政権の座から追い出す歴史的チャンスを活かしましょう。審判の機会は間もなくやってくるのですから。

第5章　石破新内閣の性格を解剖する
——軍事突出の短期使い捨て政権の危険性

石破茂新内閣は10月1日に発足しました。それ以前の9月30日、新総裁としての記者会見で10月27日の総選挙実施を明らかにし、解散・総選挙へとなだれ込む動きが具体化します。新内閣の性格については「消去法で仕方なしに選ばれた」「短期使い捨て選挙対策」「超タカ派」「言行不一致」を指摘し、野党に対しては「きっぱりと対決し、継続ではなく転換こそ」が必要だと指摘しています。

はじめに

自公政権の看板がかけ替えられました。これでは総選挙に勝てないということで、新しいものに取り替えられたのです。新たにかけられた看板は異様なものでした。全面、カーキ色に塗られていたからです。

裏金事件や統一協会との癒着問題で薄汚れてしまった看板では、国民に見放されてしまうと思ったのでしょう。岸田文雄首相は自民党内での総裁選なら勝てても、それから1年以内には必ずやってくる総選挙に勝利する展望を描けなかったのです。これが出馬断念の理由でした。

代わって登場したのが、なんと過去4回も総裁選に挑戦して弾き飛ばされてきた石破茂元自民党幹事長です。「なんで、いまさら」と言いたくなりますが、それくらい自民党の行き詰まりの深刻さを示しています。

本人も言っているように、自民党が危機に陥った時にしか出番のこない人でした。そして、裏金事件と統一協会問題で危機に陥った自民党は「党内野党」の石破氏に命運を託したのです。「火中の栗」を拾うことになった石破氏は、大やけどを負うリスクがあります。でも、「石破さんならよいか」と、自民党議員の多くは考えたのかもしれません。

かくして、石破新政権は発足しました。軍事突出の短期使い捨て選挙対策内閣の船出です。大やけどを避けられるのか。長期政権に向けての扉を開くことができるのか。総選挙の結果が、その命運を左右することになるでしょう。

1　消去法で仕方なしに選ばれた石破新総裁

石破氏が新総裁に選ばれたのは「消去法」によるものです。小泉進次郎元環境相は「軽過ぎ」、高市早苗前経済安保相は「右過ぎ」で、彼らでは国会での論戦を切り抜けられないと判断されたのです。首相は無理でも選挙の顔なら務まるだろうということで、小泉氏は選挙対策委員長に就任しました。

第1回投票で高市早苗経済安保相がトップになったのも、決選投票で石破氏に敗れたのも、要因は共通しています。安倍政治の継承を掲げ、旧安倍派と強いつながりがあったからです。

安倍元首相を支持した地方の岩盤保守層も高市氏を応援しました。

安倍元首相を支えてきた麻生太郎副総裁は最初から高市氏に投票するよう指示を出したため、議員票で小泉氏の75票に次ぐ72票となりました。党員・党友票では109票を獲得して石破氏の108票を1票上回り、合計でトップとなって決選投票に進みました。

しかし、安倍政治の継承は高市氏の弱点でもありました。推薦人の多くは旧安倍派で、裏金議員も13人含まれていました。政治的立場や政策はあまりに右過ぎて安定感に欠けるとみなされました。とくに首相就任後も靖国参拝を続けると公言する高市氏では、韓国との関係や日米韓の対中国包囲網にひびが入りかねないと懸念されたのではないでしょうか。

その結果、決選投票で石破氏が選ばれました。とはいえ、議員票では高市173票、石破189票で、わずか16票差にすぎません。非主流派だった石破氏の不人気と基盤の脆弱さを象徴するような辛勝でした。これは石破新内閣の組閣を大きく制約することになります。

2　問題ある議員ばかりをかき集めた短期使い捨て選挙対策内閣

石破新政権は、自民党内でもとくに問題ある議員ばかりをかき集めて組閣されました。総選挙までの短期選挙対策内閣であり、自民党が過半数を割れば使い捨てられるでしょう。総選挙を乗り切っても、2025年7月には参院選があり、石破内閣の試練は続きます。

そのような人たちを寄せ集めなければならなかったのは、多くの制約があったからです。岸田続投断念の経緯からすれば、裏金議員を起用するわけにはいかず、統一協会に関わりのあった議員もできるだけ避けなければなりません（それでも11人も残りましたが）。派閥解消を宣言し、石破氏自身も無派閥でしたから、派閥に頼るわけにもいきません。

その結果、本人の専門性や経験、資質などとは無関係に、知り合いや仲間に声をかけて集まってもらったというわけです。13人も新入閣となり、女性の入閣は2人にとどまり、副大臣・政務官を合わせても4人にすぎません。時間もありませんでしたから、不祥事に関係ないかを点検する「身体検査」も不充分だったようです。

さっそく、牧原秀樹法相の過去の発言や統一協会との不適切な関係、三原じゅん子こども政策相の過去の発言が問題視され、平将明デジタル相には詐欺事件に関わった企業からの献金、伊東良孝地方創生相には政治資金疑惑が発覚しました。石破首相自身についても代表だった水月会（旧石破派）のパーティー収入の不記載問題が報道されました。このような不祥事はこれからも表面化する可能性があります。

3　軍事突出の「戦争する国」をめざす超タカ派政権

石破新内閣の陣容と政策で注目されるのは、「国防族」の重用と軍事関連政策の突出です。そもそも石破氏は「アメリカの若者たちが世界の戦場で血を流しているのに、日本の若者たちが血を流さなくて良いのか」という発言を行ったり、徴兵制の必要性を説いたりした過去があり、「軍事オタク」として知られています。

今回の組閣でも、安全保障政策に詳しい防衛相経験者の起用が目立ちます。岩屋毅外相、中谷元防衛相、小野寺五典政務調査会長はいずれも防衛相経験者です。首相補佐官には防衛副大臣経験者、政務秘書官にも石破氏の防衛相時代の秘書官を起用しています。

政策面でも、アメリカと対等な相互防衛体制を目標としています。日米地位協定の改定という国民要求に沿うかのような政策も掲げましたが、それは国民のためではなく日米同盟強化のためであり、核兵器の共同保有や日本への核持ち込みを実現するための布石にすぎません。

石破首相の改憲論は安倍改憲論よりも危険で、世論への配慮なしに軍事大国としての「普通の国」をめざすものです。第9条第2項の戦力不保持と交戦権の否認を削除してフルスペック（全面的）な集団的自衛権を認め、英米の軍事同盟と同様の攻守同盟へと日米同盟を変質させようとしています。

NATO諸国と同じような「戦争する国」となって攻守同盟を結ぼうというのがアジア版NATOや米国内での自衛隊訓練基地設置の構想です。しかし、アメリカやアジア諸国がそれを認めることはないでしょう。「空想的軍国主義」であり、石破首相は実現不可能な軍事・強兵大国を目指す危険なピエロにすぎません。封印せざるを得なくなったのも当然です。

4 「石破話法」が生む言行不一致の軋轢

これまで石破首相は安倍批判など数々のとがった発言をして国民の注目を集めてきました。いわば、外野席で好き勝手にヤジっていたようなものです。これからはグラウンドに立ってプレーしなければなりません。しかも監督として。これまでの発言をどう実行するのか、石破氏の真価が問われます。

その石破氏の言動には、大きな特徴があります。原則論を述べるが具体策は語らない、国民受けする正論を主張するが反発や異論にあえばすぐにトーンダウンするというものです。これを私は「石破話法」と言っています。2020年代に最低賃金を1500円へ引き上げると言っていますが、具体策は何もありません。

この「話法」がさっそく現れたのが、総選挙の日程でした。当初、石破氏は早期の解散・総選挙を主張する小泉氏を「国民が判断できる材料を示すのが新政権の責任」と批判していました。しかし、実際には最短の10月27日投票で、予算委員会での質疑なしになりました。

裏金議員についても公認しないかのような発言をしていましたが、旧安倍派議員の反発にあい12人を除いて公認し、43人は比例代表との重複を認めないことになりました。日米地位協定の改定問題も封印し、マイナ保険証の併用を示唆していましたが、結局撤回しました。原発問題も選択的夫婦別姓についても口をつぐんでいます。トーンダウンと尻込みのオンパレードです。

このような「石破話法」は、様々な面で軋轢や反発を生むことでしょう。アメリカとは日米地位協定、東南アジア諸国とはアジア版NATO、財界とは法人増税や金融所得課税強化、旧安倍派とは裏金事件の扱いなどの問題があります。高市氏や小林鷹之氏の取り込みに失敗し、野党とは予算委員会の開催で衝突しました。これでは国民の「共感と納得」が得られるはずがありません。

5　変えることに徹するのが野党の責務

総選挙が公示されました。この選挙では、裏金事件や統一協会問題など腐敗しきった自民党政治の存続を許すかどうかが最大の争点になります。もう一つの争点は、改憲・大軍拡の「新しい戦前」を準備し、経済の停滞を招き生活を破壊して国民にコメさえ食べさせられない自公政権の存続を許すのか、ということです。もちろん、気候変動危機の打開、ジェンダー平等の推進、選択的夫婦別姓や同性婚など人権をどう保障するかという問題も争点になります。

これらの問題を解決するためには、政権を代えなければなりません。行き詰まった自民党を追撃し、新しい希望の政治を実現するためには、野党も変わる必要があります。そして、国民も変わらなければなりません。今度こそ投票に行き、腐敗政治の自民党にだけは入れないという形で投票しましょう。

立憲民主党の野田佳彦新代表は、野党共闘の出発点となった安保法制（戦争法）の違憲部分の即時廃止を認めず、共産党と政権を共にしないという姿勢を示しています。しかし、戦争法反対は立憲民主党の原点ではありませんか。市民と野党が力を合わせなければ自民党を少数に追い込むことはできません。

「政治とカネ」の問題で自民党議員が辞職して実施された2023年4月の千葉5区補欠選挙では野党が分裂して候補者を立て、自民党の当選を許しました。この痛恨の失敗を繰り返してはなりません。野党の候補者の一本化を阻んで「漁夫の利」を得ようとする自民党の策謀を見抜いた投票が必要です。

野党が分断されれば喜ぶのは自民党です。自民党にすり寄るのではなくきっぱりと対決し、継続ではなく転換こそが必要です。政権が変わっても政治の中身が変わらず自民党政治が続くのでは、国民の期待を集められません。戦争前夜のような大軍拡、国民生活破壊の政治を転換し、新しい日本をどうつくるのか。そのための選択が問われています。

（２０２４年10月18日脱稿）

第6章　総選挙で自民党政治を終わらせる世論をどうつくるのか

総選挙の公示直前の10月11日に9条の会東京連絡会で行った講演の記録です。当然、選挙の結果は不明ですが、自民党の敗北を予測しながら話をしました。質問に答えて強調したのは「落選運動」で、「できるだけ自民党の当選を阻止できるような投票行動、クレバーな投票行動を工夫していただきたい」と訴えました。選挙の結果は、このような「クレバー」（賢明）な投票行動を示唆しているように思います。

はじめに

最初は「予想される解散・総選挙」という演題をいただきましたが、総選挙はすでに現実になっています。岸田首相が、次の総裁選に立候補しないと表明した8月14日の段階から、ある程度の予想はついていました。『学習の友』２０２４年10月号の「政権担当能力を失った自民党にさらなる追撃を」という論攷（本書第2章）の中で、私は「総選挙の投票日は早ければ10月27日、遅くても11月10日になる可能性が高い」と書きました。実際に、10月27日投開票となっています。

これは8月末に出した原稿ですが、この時点で10月27日投開票という日程は、ほぼ予想がついていました。なぜかと言えば、3年前に菅首相が退陣して岸田首相に代わり、新内閣をつくって総選挙になだれ込んだ時と同じ策謀が繰り返されようとしていたからです。

このとき総裁選は9月29日で、解散・総選挙の投開票は10月31日でした。今回は総裁選が9月27日で2日早い。だから、総選挙の投票日も2～3日早くなる。その場合の日曜日は10月27日です。

できるだけ早く「刷新感」を振りまいて内閣をつくり、そのままの勢いで解散・総選挙になだれ込む。これは自民党が考えていた目論見です。その狙い通りに解散され、10月27日投開票ということになっています。

事実上の選挙戦はもう始まっています。だから、「自民党政治を終わらせる世論をどうつくるのか」という段階を超えています。主権者の力である1票を行使することで、いかにして自民党を政権の座から追い出すのか、これが今、問われていることです。

4日後に公示で、激しい選挙戦がたたかわれる。この選挙で自公政権を過半数割れに追い込められれば歴史を変え、大きな転換をもたらすチャンスが訪れます。できることに力を尽くし、自民党政治の息の根を止めるために頑張り抜きたいと思います。

1　自民党の行き詰まりと総裁選での石破選出

自民党は行き詰まり、3代続けて政権を投げ出しました。安倍さんは体調不良と潰瘍性大腸炎で辞めましたが、実際には行き詰まった。新型コロナウイルス対策に失敗し、あとを引き継いだ菅首相も1年間で政権を投げ出しています。そのあと解散・総選挙で勝利した岸田内閣も3年間しかもたない。

岸田さんは自民党の中では、それなりに支持を集めて総裁としては再選されるかもしれない。けれど、そのあと1年以内には衆院議員の任期が切れます。この選挙には勝てないんじゃないか、ということで勝利の展望を見出すことができませんでした。

2023年12月に内閣支持率が20%台になりました。「危険水域」といわれる2割台の支持率で、不支持は6割。こんな内閣が存続すること自体が異常です。それを反転させる展望がない、ということで政権を投げ出しました。

そのあと、「我も我も」と総裁選に手を挙げる人が出てきます。結局、立候補したのは9人でしたが、驚きましたね。こんな人しかいないのかと。人材も行き詰まっている。後継の総裁候補もろくな人が残っていない。

この中で小泉進次郎、高市早苗、石破茂の3人が有力候補とされました。最終的に石破さんが選ばれたわけです。それぞれ問題はあるにしても、経験と安定性ということからいえば石破さんがいいんじゃないか。「消去法」で選ばれたのが石破新総裁です。

選ぶ基準の1つは〝首相になる人〟を選ぶ。もう一つは〝選挙用の看板〟として誰がふさわしいのかというものです。一般の国民や党員・党友は、事実上の首相を選ぶつもりでした。ところが国会議員、とりわけ衆院議員は次の選挙の看板として誰がいいだろうかということで選んだのが小泉さんです。

だから、小泉さんは第1回投票で国会議員の票が多かった。ところが、見栄えはよくても軽過ぎる。岸田首相や自民党政治、裏金問題に対して国民の怒りが沸騰しています。その怒りの嵐に吹き飛ばされてしまう心配がありました。だから、小泉さんはやめた方が良いんじゃないかということで、敗退しました。

2 高市敗北と石破勝利の背景

決選投票に残ったのは、高市さんと石破さんです。最終的には、高市さんが破れ石破さんが選出されました。旧安倍派の支援を得たからです。安倍さんの盟友であった麻生さんも第1回投票から指示を出して票が集中しました。安倍政治を受け継ぐと言っていたためです。

同時に、今の自民党がいかに右傾化しているか、ということも示しています。右過ぎると言われている高市さんがたくさんの党員・党友から支持された。保守地盤に支えられてトップに立った高市さんでしたが、これが決選投票ではマイナスになった。一番大きな問題は、首相になってからもやると言っていた靖国神社の公式参拝だと思います。高市さんが参拝すれば韓国は不快感を表明し、日米韓の対中包囲網にヒビが入る可能性がある。一番心配したのは岸田さんだと思います。

結局、岸田さんや菅さんが高市さんは駄目だと指示を出し、高市さんは石破さんに敗れました。薄氷の勝利で、これが石破首相を規定、あるいは制約しています。党内基盤が極めて弱く、この脆弱《ぜいじゃく》性はさまざまなかたちの制約を生みます。言いたいことを言えずやりたいこともやれません。

総裁選を見ていて、自民党には無責任な人がいると思いました。加藤勝信さんの議員票は16票です。おかしいと思いませんか。だって、推薦人は20人いたんですから。本人は別で、青山参院議員は「加藤に入れた」と言っていたから、少なくとも22票入るはずなのに16票しか入っていません。

決選投票の前の日に20人の加藤さんの推薦人が決起集会でカツカレーを食べたのに、食い逃げした人が6人います。これが自民党議員です。自分は推薦人になって「入れてください」と言いながら、「自分は入れませんよ」と。これも自民党の劣化を象徴的に示していると思います。

3　短期使い捨て選挙管理内閣の登場

石破政権ですけれど、短期使い捨て選挙管理内閣だといってていいんじゃないか。選挙対策内閣ともいえます。差し当たり次の総選挙、10月27日までの命ではないか。この選挙を何とか乗り切っても、来年7月までには東京都議会議員選挙と参議院選挙がある。これを乗り切るのは難しい。

今までは党内野党で非主流。反安倍で嫌われてきた人です。今回は危ないからということで、「火中の栗」を拾う覚悟を固めて新総裁に就任した。今まで好き勝手に言ってきたことが全部自分に跳ね返ってくる、さあ困った、というのが今の状況です。

以前から、石破さんには独特の話し方がありました。私は「石破話法」と言っています。原則論は言うけれど具体策に乏しい。国民向けやメディア向けに正論は言うけれど反発や批判が出てくるとトーンダウンしてしまう。

今回は、特にそれが目立ちます。党内基盤が脆弱なまま最高責任者になって一番日の当たるところに出てきちゃったからです。今まではあまり注目されなかった。今はスポットライトを浴びているところで、言行不一致になっている。

自民党の総選挙のポスターに何て書いてあるか。〝日本を守る、成長を力に〟。これは間違いだと思う。〝自民を守る、変節を力に〟じゃないのか。これが石破新政権の本質です。初入閣が13人で旧安倍派がゼロ。今まで声かけられなかった人でみんなお友達です。

それでも統一協会の関係者は11人もいます。牧原法務大臣については組閣してから統一協会と深い関わりがあることが明らかになった。牧原さん、37回も関係する集会に顔を出していた、とんでもない人です。今まで政権を担ってきた経験や能力がある人たちはみんな排除せざるを得なかった、裏金議員だということで。

4　裏金議員には立候補の資格なし

今回の選挙でも、裏金議員の一部を非公認にしました。当初は公認する、重複立候補を認めると言っていましたが、大きな批判を浴びました。結局、最初6人、次に6人という形で小出しにして12人を非公認。公認した34人については重複立候補を認めないことにして、大変な決断をしたと石破さんは言っています。

しかし、裏金問題というのは政治資金規正法違反です。政治資金は国民の不断の監視と批判のもとに置かれなければならない、というのが理念で趣旨です。これに反して政治資金収支報告書に記載しなかった、何千万円も懐に入れた。そのお金を何に使ったかわからない。私的に流用していたら脱税です。法律に違反している犯罪者じゃありませんか。

そもそも立候補すること自体、間違いです。この人たちは法律をつくる仕事をする立法府の構成員です。法律に不備があり、穴が開いているのであれば、その穴を塞ぐのはこの人たちの責任です。法律をつくる仕事をしているんだから。

リクルート事件やゼネコン汚職、金丸脱税事件などで、30年前に政治改革が問題になったとき、企業・団体献金は5年後にはやめよう。その代わりに、ということで政党助成金を導入した。でも、その5年後に企業・団体献金やめるのをやめてしまった。政党助成金もらったままで、企業・団体献金ももらう。

うそをついて小選挙区制を導入し、政党助成金を新設して企業・団体献金と二重どりです。今回だって企業・団体献金も政治資金パーティー、政策活動費も残った。こういうごまかしを今もやっている。選挙に立候補して公認してくれ、重複立候補を認めてくれと言う。〝盗っ人たけだけしい〟にもほどがある。

こんな人たちは全員落とさなきゃ駄目です。今度の選挙は、われわれが主権者として審判を下す絶好の機会です。こういう人たちは全員落とす。それをやることが、私たち国民の義務であり、野党の責任だということを強調しておきたい。

5 石破「軍事オタク」政権の危険性

首相になった石破さんは、安倍さんや岸田さん以上に危険な人です。もともと「軍事オタク」として知られています。防衛相だったとき、大臣室の入口のガラスケースに軍艦や戦車のプラモデルを飾っていたほどですから。

総裁選でも、いろいろなことを言っていました。アジア版NATO構想、日米地位協定の改定、米軍基地の自衛隊との共同管理、アメリカ国内での自衛隊訓練基地の設置、非核3原則の見直しと核共有などです。

憲法についても独特の改憲論を主張していました。憲法第9条第2項の削除です。「陸海空軍その他の戦力は、これを保持しない。国の交戦権は、これを認めない」という部分を削ろうと言っていました。なぜ削るのか。「陸海空軍その他の戦力」を保持し、「国の交戦権」を認めるためです。自衛隊を「戦力」としての普通の軍隊にしようというわけです。

なぜアジア版NATOなのか。なぜ日米地位協定を変えるのか。日米軍事同盟を対等な攻守同盟にする。アメリカと一緒になって戦争できるような「普通の国」になるためです。地位協定の見直しにしても、国民が米兵の犯罪、性犯罪などにおびやかされることのないように特権をなくそう、という話じゃありません。対等・平等の立場になるためです。軍事大国として自立し、核を持ち込んでアメリカとシェアする、核共有しようという構想です。

自民党は60年安保闘争で危機にさらされ、憲法には手をつけない、第9条についての解釈を変えて（解釈改憲）言い訳をし、制約をつけてきた。「自衛隊は『戦力』でないから合憲だ」

と。これが第1段階です。その後、軍拡がある程度の規模に達したら実質改憲という第2段階に移行する。実質的に、どんどん憲法に反するようなかたちで軍拡を進め、アメリカとの共同作戦体制を強め、ついに個別的自衛権だけではなく集団的自衛権の一部行使容認にまで行きました。

6 書き換えなき明文改憲

今はもう第3段階です。条文の書き換えなき明文改憲段階だと言っていいと思います。今まては言い訳をしたり制約を自らに課したりしてきましたが、これを吹っ飛ばした。集団的自衛権の一部ではなく、もうフルスペック、全面的な行使容認です。専守防衛ではない。自衛隊を海外に派遣して、アメリカ軍と一緒に戦争できるようにしようというわけです。

ミサイルを打ち込まれる前に、着手段階でミサイルを発射できるようにしようじゃないかというのが、敵基地攻撃（反撃）能力です。今まで、敵基地や敵地、領土に達するような長距離兵器については持たないのが憲法の趣旨だと言っていたのに、堂々と持つ。巡航式ミサイルや極超音速ミサイル、トマホークをアメリカからどんどん買う。殺傷可能な攻撃的兵器を輸出できるようにする。もう、なんでもありです。

ただ、第9条が今のままだと憲法裁判を起こされるかもしれない。これは面倒くさい。だから、憲法第9条第2項を削っちゃおうというわけです。安倍さんでさえ、国民に反発されるからと、世論に配慮して言わなかった。第1項と第2項はそのままにして自衛隊の明記にとどめようと妥協した。石破さんは妥協しない。

しかし、「石破話法」ですから、反発や批判があったらすぐ変えちゃう。今回は、安倍さんと同じことを受け入れたけれども、石破首相によって極めて危険な段階、実質改憲の究極段階です。発議なしの明文改憲段階になってきていることを直視しなければなりません。

しかし、まだ間に合います。今度の選挙ですよ。だって使い捨て政権ですから、使い捨てればいいんです。おさらばすればいい。そのための絶好のチャンスが総選挙です。

どうするべきか。石破新政権の危険性を多くの人に知らせていかなければならない。石破内閣は看板をかけ替えたけれど、その色はカーキ色です。裏から戦争の匂い、きな臭い匂いが漂ってきているということを、国民に訴えなければならないということです。

7 総選挙での争点と課題

総選挙の主たる争点は、裏金問題と統一協会との癒着です。裏金を受け取った組織的犯罪者集団であり、法律の趣旨を足蹴にしてきた人たち。裏金をため込みながら政治資金収支報告書に記載していなかった裏金議員は、34人公認されているんですよ。

非公認12人で、どっちが多いか。34人のほうがずっと多い。これでけじめをつけました、などと言わせてはならない。本来は立候補してはならない人たちですから、落とすべきです。落選運動にぜひ取り組んでいただきたいと思います。

統一協会と腐れ縁を持っていた人たちも80人以上いる。この人たちも落とさなきゃならない。私が住んでいる八王子には萩生田さんがいます。加計学園事件のときは加計孝太郎さんや安倍さんと一緒にバーベキューをやりながらビールを飲んでいる写真が出回った。加計孝太郎の友達です。

統一協会との関連ではJR八王子駅北口で街頭演説を終えた生稲晃子さんを連れて統一協会の本部に行ってあいさつさせました。今回は2728万円の裏金。事務所の机の引き出しの中に保管してあった。萩生田さん、「大活躍」っていうか、スキャンダルあるところ萩生田ありです。

8　「漁夫の利」を与えない投票を

それぞれの選挙区で裏金議員や統一協会と関わりのある議員を落選させるために、野党に1本化してほしかった。けれど、もう公示日まで4日しかありません。時間がない。これも自民党のもくろみでした。野党に選挙準備の余裕を与えず選挙になだれ込む。そうすることで足並みを乱し、「漁夫の利」を得ようとしているんです。

だから、自民党にだけは投票しない。比例区では、それぞれの人が自分の応援する政党に自由に投票する。小選挙区が問題です。自民党に勝てる野党の候補者に票を集中してもらいたい。分散したら自民党が喜ぶだけですから。どこが勝てそうかというのは、報道などを参考にしてそれぞれ個々人で判断してもらいたいと思います。こういうクレバーな投票態度が求められているのではないか。

そのためにも、自民党では駄目だという世論をつくっていく。今まで自民党を支持してきた人たちにも、こんな犯罪者集団、統一協会だってそうです。反社会的カルト犯罪者集団ですよ。日本人からお金をかき集めて家庭を崩壊させ、その集めたお金を韓国に持って行く。一部は北朝鮮にも流れている。ミサイルをつくるお金に使われているかもしれない。

こういう反社会的集団に便宜を図り、応援を依頼し、そして広告塔として活動してきた自民党を許してよいのか。これが自民党支持者に対しても問われている。今まで投票に行かなかった人には投票に行くように、自民党に入れていた人も今回だけは入れないようにと働きかけていただきたいと思います。

《質疑応答》

司会　最初は、野党第1党の野田代表は自民党に代わって、武器輸出3原則を破り、自衛隊の米軍との海外演習を決めた人で、アメリカのＣＳＩＳ（戦略国際問題研究所）が求めていた特定秘密、民間に広げるセキュリティ・クリアランスを導入した人です。立憲民主党が中心になった政権になっても、改憲推進という点では変わらないんじゃないかというご質問です。

五十嵐　僕は変わると思います。基本的に改憲に反対していますから。改憲勢力が多数であったにもかかわらず改憲発議がなされていません。2年前、参院選で改憲勢力が3分の2を得たとき、何と言われたか。「黄金の3年間」と言われた。岸田政権は国政選挙がない3年の間に、改憲などの大きな事業に取り組めるだろうと。実際はどうだったか、「泥沼の3年間」でした。統一協会の問題や裏金事件、政権を揺るがすような「身から出たサビ」の問題に忙殺され、改憲に手をつける余裕がなかったからです。

政権交代で立憲中心の政府になっても、約束を守り、改憲に手をつけないようにすれば良いんです。ただし、立憲民主党が持っている弱点、外交・安保についての弱点があります。今と大きくは変えない。外交・安保の継続性を基本としていますから。しかし、急速に悪化することはないと思います。それは私たちの運動いかんです。世論や運動にとって有利な条件を活かすかどうかです。これがわれわれに問われていることだろうと思います。

立憲の弱点、日米同盟といったら思考停止。外交・安保の問題で基本的に今までのやり方をそのまま踏襲する姿勢は批判しなければなりません。原発問題でも腰が引けちゃっています。野田代表になって、右のほうにウイングを広げようとするのは理解できますが、左のほうのウイングを引っ込めるというのは問題がある。両方を広げていけばいい。そうすることで多数派になるという展望を持って努力していただきたいと思います。統合司令部設置法にも立憲は賛成した。これも同じことですよね。そういうことで、立憲に対しても批判や注文を強めていかなければならないと思います。

司会　二つ目は、野党共闘ができていない現状で、どのように訴えていくかという質問です。

五十嵐　これは先ほど言いましたように、〝落選運動〟です。自民党だけには入れない、特に小選挙区。ちゃんと政策協定を結んで、野党間で協議を行って一本化することが望ましいわけですが、緊急・非常の事態になってしまいました。できるだけ自民党の当選を阻止できるような投票行動、クレバーな投票行動を工夫していただきたいと思います。

司会　三つ目は、ルール破りの企業・団体献金を廃止しない自民党への政党交付金160億円を差し止めろという主張は、お門違いの暴論ではないでしょうかという質問です。

五十嵐　交付金をやめるべきだということですよね。暴論じゃないです。企業・団体献金をそのまま受け取るんですから。それをやめる代わりにということで、30年前に導入されたのが政党助成金じゃありませんか。5年後にやめると言っていたのをやめないで存続させてしまった。存続するのだったら、代わりに導入された政党助成金をやめる。少なくとも、どちらかをやめるべきだと思います。企業は社長も役員も従業員もみんな1人250円の政党助成金を税金で払っているわけです。そのうえ、企業・団体献金なら二重払いです。

　この献金の効果があれば賄賂ですし、効果がなければ無駄金になる。背任ですよ、これは。どちらにしても問題がある。政党を資金面から甘やかし、政治をゆがめる。みんな飲み食いに使っているんですよ。選挙のときの買収だとかね。堀井学さんみたいに配っちゃいけない香典などに使う。このような不正・腐敗の温床になる。経団連の十倉会長は「民主主義のためのコストだ」と言っていますけれど、実際には民主主義を腐らせる温床になっている。政党交付金を差し止めるというのは暴論でもなんでもないと思います。

司会　四つ目ですが、本日、２０２４年のノーベル平和賞を日本被団協（日本原水爆被害者団体協議会）が受賞しました、万歳って書いてあります。

五十嵐　よかったですね、これは本当によかった。ともに喜びあいたいと思います。これを受けて、日本も核兵器禁止条約を批准するべきです。日本政府は被爆体験者をすべて被爆者と認め、全面的に補償するべきでしょう。

この受賞によって、世界は原水爆の使用を危惧しているということが明らかになりました。今、核兵器使用のリスクが高まっています。ロシアが使うかもしれない。ウクライナはロシア領内への攻撃を求め、これに反撃するためにロシアが核兵器を使用する可能性がある。これが今一番大きな懸念材料になっているんです。

アメリカもＮＡＴＯもウクライナに武器を供与していますが、長距離砲の弾道距離を短くしている。ハイマースという長距離砲やストームシャドウなどの長距離ミサイルもロシア領内深くに到達しないように制限した。ロシア側の反撃で核戦争に結びつくリスクがあるからです。

讀賣新聞
10月12日
被団協 ノーベル賞
平和賞
核廃絶の訴え 評価
日本2例目
「力で現状変更 許されぬ」
首相、中露念頭に
朝日新聞
10月12日
被団協に平和賞
証言通じ「核廃絶」へ尽力
日本からの受賞 50年ぶり

２０２４年10月12日付の報道

これをアメリカも危惧している。
　岸田さんは、そのことを全く認識していない。だから、反撃能力の保有によって敵地深く攻撃できる兵器をせっせと買い込もう、開発しようとしている。ウクライナ戦争でバイデンが支えている戦争を、岸田はやろうとしていたのです。今、ウクライナがやっている戦争こそが専守防衛型です。自国領土内とその周辺に限られている。ロシア領内に侵攻していますけど、クルスク州だけです。そこから中には入らない。これが戦争の現実です。
　核保有国との戦争がエスカレートしたら核が使われるかもしれない。中国との戦争も同じようなリスクがあり、懸念があるということを、日本の自民党政治家は全然分かっていない。このようなリスクを避けるためにも、核兵器禁止条約を批准する。少なくともオブザーバー参加することは、極東における核戦争の危険性を除去する点で非常に重要だと思います。それにしても本当によかった、被団協のノーベル平和賞受賞は。

司会　次ですが、総選挙の後、自民党は分裂するか、維新・立憲との連立はあり得るか。これは選挙の結果次第ということですね。石破と反石破の対立が激化すれば、自民党は分裂する可能性もあります。

五十嵐　もう実質的には分裂状態になっちゃっています。高市さんは政調会長への就任を要請されて断った。小林鷹之さんも広報委員長になってくれと言われたけれど断った。2人とも岩盤右派で、安倍路線の継承者です。石破さんは基本的に反安倍でした。そういう点で、自民党は安倍と反安倍で実質的に割れている。

公示前勢力は自民党が２４７議席ですから15減らせば、２３３議席の単独過半数を失います。自公で合わせて２７９議席ですから47失えば、政権を維持できなくなります。そう簡単ではないけれど、公明党も今回は議席を減らすと見られている。大阪は維新が対立候補を立てましたから。

逆風にさらされている自公を過半数割れに追い込むことは充分可能です。追加公認でも不足すれば、第2自民党、第3自民党にお呼びがかかるかもしれません。一番可能性が高いのは国民民主党。維新にも声がかかるかもしれない。これも選挙結果次第ということです。

もう一つ言いたいことは、たとえ自公政権が過半数を割っても参議院はまだ自公が多数ですから、ねじれになる。不安定な状況は２０２５年7月まで続きます。それに決着がつくのは来年（２０２５年）7月の参議院選挙。自公を少数に追い込むことで決着がつくことになります。

立憲野党の共闘については、今回は試練ですね。この試練からどういう教訓を引き出すか。共闘の新たな発展に結びつくような選挙をぜひたたかっていただきたいと思います。選挙区によっては、立憲の候補者を例えば共産党が自主的に支援して当選させる。２０２５年の参議院選挙での1人区で立憲野党の共闘に結びつくように運動していく必要がある。

最後に、結びの話がなかったということですが、時間が来てしまいました。あきらめないことが重要だということです。学ぶことで情報リテラシー（判断・理解能力）を高め、偽情報にだまされず、積極的に情報を発信することが必要です。発信の仕方も工夫しなければなりません。ＳＮＳやネットでの動画発信が大きな意味を持つようになってきていますから。

都知事選のとき、石丸候補はネットやユーチューブのユーザーなんかものすごく多かった。今回の総裁選では高市さんもそうでした。ネットやＳＮＳでのアクセス数が非常に多い。そういう点でも、世論に対する働きかけが重要です。９条改憲ＮＯの運動を通じて、憲法をめぐる政治情勢についての学習を深め、ぜひ幅広く情報を発信し、世論形成に努めていただきたいと思います。期待を述べまして、話を終わらせていただきます。

第7章　総選挙の結果をどう見るか
――石破自公政権の終わりが始まった

総選挙は10月27日に実施されました。自民党は比例代表で533万票減、小選挙区で675万票減となり、合わせて65議席減の惨敗です。この結果に狂喜乱舞する思いでしたが、大きな疑問が生じました。自民大敗をもたらした最大の功労者である共産党が2議席減となって後退したからです。どうしてなのか。これ以降の論攷では、その答えを求めての考察が続きます。

はじめに

自公政権の終わりが始まったようです。石破首相と自民党が狙っていた奇襲攻撃は失敗し、歴史的な惨敗によって過半数の議席を失ったからです。10月27日に実施された総選挙は、予測し期待してもいた政権与党の過半数割れと立憲民主党の大躍進を実現しました。

自民党は裏金事件に対する国民の怒りの大きさと小選挙区という選挙制度の恐ろしさを思い知ったことでしょう。選挙後、石破首相は「自民党は総選挙で国民から極めて厳しい審判を頂戴した」と語りましたが、まさにその通りの結果となりました。

このような結果をもたらすうえで共産党の果たした役割は絶大でした。「静かなる革命」ともいえる激変の最大の功労者であり、議席増を果たした野党はその恩恵を被っていることを自覚するべきです。自民党裏金事件の発端を報じたのも、選挙最終盤に2000万円の裏公認料を暴露したのも、共産党の機関紙「しんぶん赤旗」だったからです。

総選挙での審判は、何よりも前言を翻して選挙を強行した石破新首相に対するものでした。それとともに右傾化・金権化・世襲化という宿痾（持病）に侵されている自民党政治そのものに対するものです。加えて、国民無視の安倍政治とそれを受けついだ岸田前政権の3年間の失政に対する審判でもありました。そのすべてに対して、国民は「ノー」を突きつけたのです。

その結果、各党の議席数は、別表1の通りになりました。また、党派別当選者数の推移は別表2、党派別得票数の推移は別表3の通りになっています（次頁）。

自民党は歴史的な惨敗を喫し、立憲民主党と国民民主党の両党は躍進しました。日本維新の会と公明党は議席を減らして後退し、裏金事件を暴露した立役者の共産党は不振に終わり、れいわ新選組は3倍増となって明暗を分けました。社民党は1議席の現状維持で、参政党と保守党が3議席を獲得し、無所属は与党系6、野党系6の計12議席となっています。

なお、投票率は53・84％（比例代表）となり、戦後3番目に低かった前回よりさらに2ポイント下がりました。低投票率は自民党に有利とされますが、今回はそうなりませんでした。裏金事件で自民党に嫌気をさした支持者が棄権に回ったからだと思われます。また、女性の当選者は過去最高となりました。男性が多い自民党現職議員の落選が相次ぎ、女性の候補者が多かった立憲と国民の両党が躍進したからではないでしょうか。

このような選挙結果をどう見たらよいのでしょうか。どのような要因と背景によってもたら

別表１：党派別獲得議席数

	小選挙区	比例代表	当選合計（議席増減）
自民	132	59	191（−65）
公明	4	20	24（−8）
立民	104	44	148（+52）
維新	23	15	38（−5）
共産	1	7	8（−2）
国民	11	17	28（+21）
れいわ	0	9	9（+6）
社民	1	0	1（+0）
参政	0	3	3（+2）
無・諸	13	2	15（+1）

資料：筆者作成

別表２：党派別当選者数の推移

		今回(2024年)	前回(2021年)	増減	増減の合計
自民	比例	59	72	−13	−70
	小選挙区	132	189	−57	
立憲	比例	44	39	5	52
	小選挙区	104	57	47	
維新	比例	15	25	−10	−3
	小選挙区	23	16	7	
国民	比例	17	5	12	17
	小選挙区	11	6	5	
公明	比例	20	23	−3	−8
	小選挙区	4	9	−5	
れいわ	比例	9	3	6	6
	小選挙区	0	0	0	
共産	比例	7	9	−2	−2
	小選挙区	1	1	0	
参政	比例	3	−	3	3
	小選挙区	0	−	0	
保守	比例	2	−	2	3
	小選挙区	1	−	1	
社民	比例	0	0	0	1
	小選挙区	1	1	1	
無所属	小選挙区	12	10		

資料：筆者作成

別表３：党派別得票数の推移

（万票）

		今回(2024年)	前回(2021年)	増減
自民	比例	1458	1991	−533
	小選挙区	2087	2762	−675
立憲	比例	1156	1149	7
	小選挙区	1574	1722	−148
維新	比例	511	805	−294
	小選挙区	605	480	125
国民	比例	617	259	358
	小選挙区	235	125	110
公明	比例	596	711	−115
	小選挙区	73	87	−6
れいわ	比例	381	222	159
	小選挙区	43	25	18
共産	比例	336	417	−81
	小選挙区	370	264	106
参政	比例	187	−	187
	小選挙区	136	−	136
保守	比例	115	−	115
	小選挙区	16	−	16
社民	比例	93	102	−9
	小選挙区	28	31	−3

資料：筆者作成

されたのでしょうか。それは、今後の日本政治にどのような課題を提起しているのでしょうか。

1　自民党の歴史的惨敗

自民党は小選挙区で132、比例代表で59、合計で191議席にとどまり、65議席減となりました。議席が200を下回ったのは政権を失った2009年以来で、結党してから2回目になります。まさに歴史的惨敗というべき大敗北でした。

前回（2021年）と比べれば、比例代表で1991万から1458万に533万票も減らしましたが、議席では72から59への13議席減にすぎません。大きく減らしたのは小選挙区です。2762万から2086万へ、議席にすると189から132へと57議席も減少しています。解散前議席との比較では65議席減となっていますが、その大半は小選挙区での敗北でした。わずかの差で当選者が一斉に入れ替わる小選挙区制の怖さがここにあります。

自民党が比例代表で減らした票は、3つの方向に流出したと思われます。一部は棄権して投票率を下げ、保守中道部分は国民民主や立憲民主に流れ、石破首相の反安倍姿勢を嫌った岩盤保守は参政党や保守党へと向かったのではないでしょうか。

選挙での大敗にもかかわらず石破下ろしの動きは鈍いようですが、事実上の分裂状態が解消されたわけではありません。反石破勢力の中核であった衆院旧安倍派が57から22へと勢力を激減させ、高市氏が応援した裏金候補者が28人も落選したため、今のところ鳴りを潜めているだけです。少数与党となれば内紛が起きる可能性は高く、2025年夏の参院選前には「石破でたたかえるのか」という声が高まるのは確実で、〝茨の道〟は続くことでしょう。

2　立憲民主党と国民民主党の躍進

立憲民主党は小選挙区で１０４、比例代表で44、合計で１４８議席を獲得し、52議席増の大躍進を遂げました。裏金事件による自民党への逆風の最大の受け皿となり、小選挙区制という制度の大きな恩恵を受けたための勝利です。必ずしも、立憲民主党に大きな追い風が吹いたわけでもなく、支持が急増したわけでもありません。

この点ではイギリス総選挙での労働党の勝利と似通っています。支持の増大ではなく保守党への批判の受け皿として労働党が選ばれたからです。ここでも、わずかな投票行動の変化で議席が激変する小選挙区制の特性が示されています。

前回との比較では、比例代表で１１４９万から１１５６万へと7万票しか増えていません。議席では39から44へと5議席増のほぼ横ばいです。ところが、小選挙区では１７２２万から１５７４万へと１４８万票も減らしているのに、当選者は57人から１０４人へと47人も増やしました。

今回増やした50議席は、小選挙区で競り勝った結果です。大躍進は裏金事件で逆風にさらされた自民党への批判票の受け皿としての消極的選択の結果にすぎなかったということを、立憲民主党は充分に自覚することが必要でしょう。当面は次の政権選択に向けての「試用期間」と受け止め、参院選に向けて野党をまとめ、政権担当能力を示さなければなりません。

国民民主党も小選挙区で11、比例代表で17、合計で現有議席の4倍となる28議席に到達しました。21議席増の大躍進です。こちらの方は小選挙区制の恩恵というより、自民党を離れた票の受け皿として支持を増やした結果です。

比例代表では、前回の259万から617万へと358万票も増加し、5から17へと12議席増となりました。この増加分だけで、共産党の比例代表での得票数336万票と議席数7を上回っており、そのために候補者不足が生じ、東海ブロックで2議席、北関東ブロックで1議席を他党に譲る結果となりました。また、小選挙区でも125万から235万へと110万票の増となり、6から11への5議席増となっています。

選挙後、国民民主党はキャスチングボートを握ることになりましたが、当面は連立に加わらず、政策ごとに賛否を決定するパーシャル（部分）連合を選択するとしています。しかし、かつての「自社さ連合」のように、玉木首班を匂わされて引き込まれる可能性もあります。これからの動向に注目する必要があるでしょう。

3　維新の会と公明党の後退

日本維新の会は小選挙区で23、比例代表で15、合計で38議席となって5議席減らしました。得票数では、比例代表で805万から511万へと294万票も減らしています。これは前回増の反動であるとともに、全国政党となることに失敗したからです。しかし、小選挙区では、480万から606万へと126万票の増となりました。これは、これまで公明党に譲っていた大阪の4選挙区で候補者を擁立し、全勝したことを反映しています。
維新の創立者である橋下徹氏が「大阪以外では改革政党だというイメージが全く浸透しなかったと思う」と言い、「馬場さんは維新の中でも1、2を争うくらい古い政治家だ」と批判しているように、政治資金規正法の改正案をめぐって不可解な妥協的対応を行ったり、大阪・関西万博のゴリ押しや兵庫県知事の推薦問題があり、政策活動費の必要性を主張したりしたために票が伸びなかったのではないでしょうか。すでに、馬場代表の辞任を求めるなどの内紛が始まりました。

これ以上に深刻な打撃をこうむったのは公明党です。公明党は小選挙区で4、比例代表で20、合計で24議席にとどまり8議席もの減少となりました。比例代表の得票数では、前回の711万から596万へと115万票も減らし、3議席の減となっています。

これまで「常勝」を誇ってきた小選挙区でも、大阪の4議席を失っただけでなく、埼玉14区に小選挙区単独で立候補した石井啓一代表が落選し、辞任に追い込まれるという大打撃を受けています。

裏金問題とは無関係でしたが、30人以上もの自民党の裏金非公認議員に推薦を出したことで〝同じ穴のムジナ〟とみられ、大きな批判を浴びた結果でした。加えて、支持基盤である創価学会の高齢化で活動量が減退し、ピーク時の2005年には900万票近くあった比例での得票数も600万を切って過去最低になりました。

4　共産党の不振とれいわの躍進

日本共産党は小選挙区で1、比例代表で7、合計で8議席となって2議席の減少でした。得票数では、比例代表で前回の417万から336万へと81万票の減で、2議席の後退です。小選挙区では、264万から370万へと106万票を増やしましたが、これは前回より100選挙区以上も積極的に擁立した結果でした。

これに対して、れいわ新選組は小選挙区での議席獲得はなかったものの、比例代表で3から6増の9議席となって3倍化を達成しました。票数では、222万から381万へと159万票も増やしています。政策が似通い、支持者も重なると見られている共産党とれいわにこれほどの違いが出たのはなぜでしょうか。

第1に、共産党は自民党派閥の裏金事件で抜群の役割を果たし脚光を浴びたために、かえって他の政策が目立たなくなった可能性があります。これに対して、れいわは「失われた30年」を取り戻すと経済・生活問題を前面に打ち出し、国民民主党も「手取りを増やす」と訴えていました。これらの政策が生活苦にあえぐ国民の琴線に触れたのかもしれません。それだけ国民は生きるのに苦しみ、生活問題が深刻になっているということでしょう。

第2に、ネットやSNSなどを通じた若者への働きかけが充分ではなかったと思われます。共産党自身が「SNSはまだ始まったばかりです」（常任幹部会「総選挙の結果について」2024年10月28日）と総括しているように、この点で一定の遅れがあったのではないでしょうか。

第3に、小選挙区に積極的な擁立を図った方針の検証が必要です。比例代表での票の掘り起こしを目指して前回の105人から213人へと約2倍も候補者を立てたにもかかわらず、4億2900万円の供託金を没収され充分な効果をあげていません。れいわの方が比例代表で45万票も多かったのですから。立憲民主と競合する選挙区では候補者を下ろすなど、大義のためには自己犠牲をいとわない姿勢を明確にするべきだったのではないでしょうか。

高齢化など「自力の後退」も指摘されています。裏金事件の暴露などで抜群の貢献を行うなど大きな役割を果たしたにもかかわらず、それがなぜ共産党自身の前進に結びつかなかったのか。充分な教訓を引き出して2025年夏の都議選と参院選に備えなければなりません。

5　危惧すべき新勢力の台頭

今回の総選挙では、新勢力の台頭が目を引きました。参政党と日本保守党がともに3議席を獲得したからです。保守党は得票率2％を超えて政党要件を得ることに成功しました。どちらも右翼的な主張と政策を掲げている点で似通っています。

このような右派ポピュリズム勢力の登場はヨーロッパでは一般的になっています。その流れが日本にも及んできたということかもしれません。日本社会の右傾化は、自民党の総裁選で安倍政治の継承を掲げて岩盤保守層に支持された高市早苗候補が決選投票に残り、「軍事オタク」として知られる石破茂候補が首相に選ばれたことにも示されています。これらの現象が民主主義への脅威を生み出すことのないような対応が求められることになるでしょう。

他方で、この参政・保守の2党に自民・公明・維新・国民民主を合わせた改憲派政党の議席数は287となり、改憲発議に必要な3分の2（310議席）を下回りました。現状での改憲発議は不可能になるという画期的な成果が生じたことになります。

6 残された課題

総選挙後の議会勢力は自公の与党が215議席で、野党や無所属などは250議席となり、立憲民主148、維新38、国民民主28を足しただけで214議席と拮抗しています。石破首相が再選されても少数与党となり、予算案や法案を通すには野党の協力が欠かせなくなります。全野党が反対すれば、法案は1本も通りません。

いつでも内閣不信任案を可決できる状況になったのです。政治は新しい局面に入りました。「自民一強」の時代は去り、自民党政治に代わる政治を求める熟議と模索の新しいプロセスの始まりです。差し当たり、総選挙中の各党の公約で共通していた課題の実現に取り組むことが必要です。

裏金事件の再調査、政治資金規正法の再改正での企業・団体献金や政治資金パーティーの禁止、選択的夫婦別姓の実現、マイナ保険証の導入延期と健康保険証廃止の凍結、食料自給率目標の設定や最低賃金1500円の実現とそのための中小企業支援策、国の責任での学校給食無償化などで、具体的成果を達成する必要があります。石破首相が日米地位協定の見直しを口にしていた事実も忘れてはなりません。

衆院は自公の与党が少数になりましたが、参院は依然として自公が多数派です。両院の勢力関係が異なる「ねじれ」現象が生まれました。参院でも自公を少数に追い込んで「ねじれ」を解消し、本格的な政権交代を実現することが必要です。

今回の総選挙によって扉が開かれた自公政権の終わりの始まりを、この参院選で終わらせなければなりません。２０２５年7月には、自民党大軍拡・腐敗政治を追撃し、さよならを告げる大きなチャンスがやってくるのですから。

第8章　今度こそ最後の自公政権に

総選挙の結果、自民党が負けたのは明らかですが、野党は勝ったと言えるのか。勝ちはしたが、それは自民党にお灸を据えるための消極的な選択の結果ではないのか。その中でも共産党が議席を減らしたのはなぜか。「共産党後退の謎」として3点を指摘しています。同時に、「新たな政治に向けての模索の始まり」として、国会の機能回復、社会・労働運動の環境変化、政権交代に向けての展望を示しました。

1　自民党政治への審判

総選挙で自民党は歴史的大敗を喫し、自公の与党合計で215議席となって過半数の233議席を28議席下回りました。歴史的審判が下された結果です。

審判の1つは政権樹立以来前言を翻して国民の期待を裏切り続けた石破茂新首相へのものであり、2つ目は3年間に及んだ岸田文雄前首相の実績に対するものです。そして、第3に岸田前首相が受け継ぎ拡大再生産した安倍元首相の政治路線に対するもので、第4には、裏金事件や統一協会との腐れ縁など、右傾化・金権化・世襲化という長年にわたって侵されてきた自民党政治の宿痾（治癒不可能な持病）に対する審判でした。

とりわけ大きな批判を浴びたのが、旧安倍派を中心に慣行として実施されてきた政治資金パーティーのキックバックによる裏金のため込みです。これを暴露したのは共産党の機関紙「しんぶん赤旗」でした。総選挙最終盤には、公認されなかった候補者の政党支部にも公認料に相当する2000万円が振り込まれていたことが同紙によって報じられ、決定打になりました。

かつてない逆風にさらされた自民党は選挙で大苦戦に陥り、小選挙で675万票も失っています。これは維新の会が小選挙区で獲得した605万票を上回るほどの規模でした。それは3つの方向に流れ出たものと思われます。一つは棄権票となって戦後3番目の低投票率を生み、中道的な支持者は国民民主党へと向かい、旧安倍派などを支持していた岩盤保守は日本保守党や参政党支持に変わったのではないでしょうか。

2　野党への追い風は吹いたのか

今回の選挙で立憲民主党は前回より52議席も増やして148議席となり、国民民主党も28議席となって4倍化を達成しました。これらの野党に「追い風」が吹いたのでしょうか。そうとは言いきれません。とりわけ、立憲民主党は比例代表で7万票しか増えず、小選挙区では148万票も減らしているのですから。

それでも議席が増えたのは、立憲民主党以上に自民党が票を減らしたからです。1票でも上回れば当選できるのが小選挙区制であり、この特性にアシストされた結果が小選挙区での47人増でした。少しでも下回れば、いっぺんに当選者が入れ替わってしまう小選挙区制の怖さを、自民党は身をもって知ったことでしょう。

国民民主党にも「追い風」が吹いたわけではありません。比例代表で358万票も増やして17人が当選しましたが、これは積極的な選択の結果とはいえないからです。国民民主党の政策は自民党と似通っており、以前にはガソリン税を一部軽減する「トリガー条項」の凍結解除を条件に予算案に賛成したこともありました。与《よ》党と野《や》党の間の「ゆ党」として、裏金問題で愛想を尽かせた保守層の受け皿となったにすぎません。

3 日本共産党後退の謎

総選挙で自民党への大逆風を吹かせた最大の功労者は共産党の「しんぶん赤旗」であり、その功績には極めて大きなものがありました。しかし、その共産党は10議席から8議席へと後退しています。それはなぜでしょうか。3つの謎があります。

第1に、裏金問題で大きく貢献した共産党が、どうして得票と議席を減らしたのでしょうか。自民党の議席減をもたらした共産党の大きな役割を強調すればするほど、それがなぜ自党の得票増に結びつかなかったのかという謎は膨らむばかりです。

第2に、比例代表での得票増のために小選挙区で積極的に擁立したのに、ほとんど効果を生まなかったのはなぜでしょうか。小選挙区では106万票増やしたものの、逆に比例代表では81万票も減らしています。

第3に、比例代表でれいわ新選組に45万票、2議席も少なく、合計でも9議席のれいわに1議席下回ったのはなぜでしょうか。政策に共通点が多く支持層が重なると見られているれいわに差をつけられ、総選挙後も共同通信の調査でれいわの支持率は6・9％と共産党の2・5％の2倍以上になっています。

常任幹部会の声明「総選挙の結果について」（2024年10月28日）で共産党は「対話・支持拡大」の遅れ、「自力の後退」「SNSの発信・活用」などの問題点を挙げています。どのような点が支持の減少をもたらしたのか、組織力で劣っているれいわの後塵《こうじん》を拝することになったのはなぜか。今後も自己分析的な検証が必要ではないかと思われます。

4　新たな政治に向けての模索の始まり

総選挙の結果、大きな変化が生じ政治の光景が変わりました。与党が少数となったのは2009年以来、15年ぶりです。このとき、民主党を中心とする野党への政権交代が起きました。今回も、このような可能性を秘めています。

まず、国会の機能が回復するでしょう。重要なことは与党で決定し、国会は形だけで事後承認を行うだけというようなことはなくなります。早速、「103万円の壁」をめぐって協議がはじまり、予算委員長や憲法審査会、法務委員長に野党議員が就任しました。強行採決や答弁拒否もできなくなります。改憲発議にストップがかかり、選択的夫婦別姓が実現する可能性も高まっています。

社会運動や労働運動の環境条件も大きく変化するでしょう。国会審議と合わせた要求実現の新地平が開かれました。裏金問題をめぐる政治資金規正法の再改正だけでなく、民意を無視した生活破壊や大軍拡、人権蹂躙《じゅうりん》に反対し、物価高対策や収入増、学校給食費の無償化を実現し、大学の学費値上げ、インボイスやマイナ保険証などの見直しを求める運動のチャンスが広がっています。

そして、いよいよ選挙で本格的な政権交代を実現する展望が開けました。政権に直結する衆院でのハングパーラメント（宙づり国会）ですから、野党が結束すればいつでも内閣不信任案を可決できます。２０２５年6月の都議選や7月の参院選で与党を敗北させれば、衆参での多数が異なる「ねじれ」状態も解消できます。

その前後に予想される解散・総選挙こそ、決戦の場となるにちがいありません。政治を大転換できる可能性が充満する、変革の時代の幕開けです。国民の要求が実現する新しい政治に向けての模索が始まりました。

それは自民党大軍拡・腐敗政治に対する追撃戦でもあります。今度こそ市民と野党の共闘の新たな発展によって自民党を撃破しなければなりません。政治家や政党だけでなく、国民も主権者としての真価を問われることになるでしょう。

第9章　総選挙の結果と憲法運動の課題

総選挙の結果、憲法運動にも大きな可能性が生じました。その観点から改めて総選挙の結果を検証し、憲法運動の課題を提起しています。憲法については「変えるのではなく活かす」ことをこれまでも訴えてきましたが、総選挙の結果、それが可能になる状況が生まれました。「活憲の政府」の実現とそのための課題について述べていますが、実現の可能性を踏まえて書くことができるのは、このうえない喜びです。

はじめに

驚天動地の結果でした。総選挙で自公が議席を激減させ、衆院での少数与党となったからです。選挙前に石破茂新首相は「与党で過半数維持」という目標を掲げ、「少なすぎるのではないか」と批判されました。しかし、結果は、それをも下回る歴史的大敗です。

石破氏は当初、充分な審議なしの早期解散に反対していました。しかし、自民党の総裁に選出されたとたん前言を翻し、首相に就任する前だったにもかかわらず総選挙の投開票日を口にしました。解散を助言し承認する権限は内閣にあります。首相になる前の表明は憲法違反の暴挙です。しかも、石破氏は天皇の国事行為による7条解散に反対していたではありませんか。

このような変節には理由がありました。新内閣成立への「ご祝儀」としての支持率上昇に期待する自民党内の大勢に抵抗できなかったからです。それに、野党の選挙準備が整わないうちに選挙になだれ込もうという思惑もありました。実際、野党共闘や一本化の動きは低調に終わりました。

しかし、このような奇襲攻撃は功を奏しませんでした。石破新内閣への「ご祝儀」は少なかったからです。かえって石破首相の言行不一致が大きな反発を呼び、裏金事件での国民的な批判という火に油を注ぐ結果となりました。

こうして迎えた総選挙でした。最終盤での自民党非公認候補への「裏公認料」2000万円の交付がまたもや「しんぶん赤旗」に暴露され、敗色濃い候補者に対する決定打となり自民党は歴史的な惨敗に追い込まれました。

それがいかに歴史的なものであったか。衆院での過半数割れは2009年以来、15年ぶりのことです。この結果、特別国会での首相指名選挙は決選投票になりました。これは30年ぶりのことです。こうして過半数を下回る与党のもとでの首相が誕生しました。これもなんと大平正芳元首相以来、45年ぶりのことになります。

1　政治的激変を生み出した総選挙

○与党の歴史的大敗をもたらしたもの

自民党の歴史的な大敗をもたらした最大の要因は、政治資金パーティーのキックバック（還流）による資金（裏金）の貯め込みでした。それがいつから、誰によって、どのような形で始められたのか、何に使われたのかは、わからずじまいです。中心となった旧安倍派では、安倍元会長の意向でいったんはやめることになったものの復活しました。その経緯も不明です。

この問題を暴露したのは共産党の機関紙「しんぶん赤旗」でした。大きな逆風を吹かせた原動力がこの報道であったことは衆目の一致するところです。こうして「政治とカネ」の問題が直撃し、政治資金規正法を改正せざるを得なくなりましたが、企業・団体献金や政治資金パーティーの禁止という根本原因に手を触れなかったために批判を招き、自民党は総選挙で敗北することになります。

しかし、自民党の大敗を生み出した要因はこれだけではありません。裏金事件は直接の敗因ですが、その根底には安倍政権以来の暴走政治とそれを引き継いだ菅・岸田前政権の4年間に及ぶ失政に対する批判がありました。政治の問題点を明らかにし国民要求の実現を目指した憲法運動をはじめとした多様な社会運動・労働運動の力がボディーブローのような効果をあげ、自民党を追い詰めてきた結果でもあります。

安保3文書と敵基地攻撃（反撃）能力論に基づく大軍拡と沖縄での辺野古新基地建設の強行への反対、反核・反原発、インボイス廃止、マイナ保険証凍結、選択的夫婦別姓と同性婚の実現、ウクライナやガザへの支援、物価値上げを上回る賃上げ要求、最賃1500円以上と時短労働の実現などの運動が幅広く展開されてきました。

これらの社会・労働運動を通じて、自民党政治に対する不満や怒りが国民各層の間でマグマのように蓄積されたのです。これが裏金事件によって火をつけられ、いっぺんに爆発したのではないでしょうか。「令和の米騒動」のもとで生活がこれほど大変な時に、汚い手段で私腹を肥やすとはなにごとか、と。

○野党の明暗と共産党後退の謎

総選挙で躍進したのは立憲民主党でした。しかし、比例代表ではほとんど票が増えず、7万票・5議席増の横ばいです。逆に、小選挙区では148万票も減らしました。それでも勝てたのは自民党が立憲以上に得票減となったためで、その原因は裏金事件です。これが選挙の大争点になっていなければ、議席増もなかったでしょう。

7議席から28議席へと4倍化を達成して躍進した国民民主党も同様です。自民党を離れた穏健な保守層が、差し当たりの「受け皿」として選択したのが国民民主党でした。自民党に近く、政策的にそれほど違和感がなかったからです。

自民党の敗北と立憲・国民両党の躍進によって政治を大きく動かした主役は共産党でした。政党の機関紙が政権党を追い詰めるようなスクープを、これほど見事に放ったのはかつてなかったことです。新聞報道がこれほどの大きな衝撃を与えて政治を動かす契機になったのも、かつてないことでした。それがなぜ、共産党自体の得票増に結びつかず、議席を減らしてしまったのでしょうか。その功績を強調すればするほど、この謎は深まるばかりです。

一つの仮説は、共産党の攻勢を恐れた自民党と連合の術中に嵌《は》まったのではないかということです。石破首相は自説を覆して「奇襲攻撃」に出ましたが、これは共闘への協議などの余裕を与えず、分断を謀るためでした。共産党との共闘を望まない連合も、何とかして排除し孤立させようと待ち構えていました。

連合の意をくむ形で立憲民主党の野田新代表は「平和安保法制の再検証」という発言を行います。安保法制は「市民と野党の共闘」における「一丁目一番地」ですから、「共闘」にたいして「裏切り」「不義理」の態度をとったのは立憲民主党の方であることは明らかで、共産党が「共闘の条件が失われた」と判断したのは理解できますし、原則的な対応だったと思います。

2009年の総選挙で、共産党は半数近くの小選挙区で候補を擁立せず、間接的に民主党をアシストしました。2017年の総選挙でも、「希望の党騒動」によって民進党が分裂するもとで、小選挙区での候補者を自主的に下ろして新たに発足した立憲民主党を助けるという対応を行ったことがあります。

今回も選挙区によっては候補者を立てず自主的に立憲民主党を支援しています。しかし、全国的にこのような対応をとったわけではありません。結果的に、それが支持者や革新的無党派層の失望を招き、れいわ新選組に流れ出た可能性があるのではないでしょうか。

◯ポピュリズムによる選挙の変容

今回の総選挙で注目されたもう一つの点は、国民民主党の躍進とともに3議席を獲得した参政党や日本保守党の進出でした。ネットやSNSを活用しながら一般受けする政策を打ち出して有権者の関心を引き寄せるポピュリズムの波が、日本にも押し寄せてきたように見えます。

このような現象は、都知事選での「石丸現象」や兵庫県知事選での斎藤元彦知事の再選などでも注目されました。それは3つの面での大きな変化を背景にしているように思われます。第

1に選挙の当事者である政党や候補者、第2に投票する主体である有権者、第3に両者を媒介する情報手段や選挙運動のあり方です。その結果、インターネットでの動画配信、ユーチューブやインスタグラムなどのSNSが選挙の「主戦場」になりつつあります。

国民民主党の玉木代表は「永田町のユーチューバー」を自認し、選挙以前からの長い経験や蓄積があったそうです。特に効果的だったのがショート動画で、それを街頭演説などのライブ配信に結びつけました。単にSNSを活用しただけでなく、動画を効果的に使いリアルとバーチャルを結びつけて訴求力を高めたということです。

若ものを中心に有権者も変わってきています。情報を受け取る手段が新聞やテレビなどからネットやSNSへと変化した上に多様化し、真偽が定かでないフェイクやデマも氾濫《はんらん》するようになりました。騙されやすい有権者の登場、善意や正義感からの拡散、ゲーム感覚で候補者を〝推す〟活動など、従来とは異なる選挙戦が展開されています。

こうして情報環境が大きく変化しました。ネットのアルゴリズム（情報配信の処理手段）による類似情報の送信によってフィルターバブルやエコチェンバーと言われる状況が生まれ、自分と同一の意見や考え方が多数であるかのような錯覚に陥り、疑似情報の泡に閉じ込められてしまう危険性が増大するわけです。

メディアの選挙報道にも問題がありました。公平性や中立性にこだわるあまり選挙の争点についての報道を手控え、公示後にかえって情報量が減ったからです。有権者に判断材料を提供するために、積極的な選挙報道を心がけるべきでしょう。

裏金事件によって急増した自民党への不信は政党全体や政治そのものへの不信感も高め、既存の政治やメディアへの信頼を低下させました。当選を目指さない候補者による公営掲示板の悪用やネットでのアクセス数を稼いでビジネスにつなげようとする動きも起きています。従来とは様変わりした選挙にどう対応するのか、政党や候補者の側も、有権者も試されることになるでしょう。

2　憲法運動の成果と課題

○明文改憲阻止の実績

総選挙の結果、憲法の明文改憲に賛成する自民・公明・維新・保守・参政などの政党の議席は3分の2を下回りました。憲法条文の書き換えに向けての発議は難しくなり、改憲派にとっては「冬の時代」の始まりです。立憲民主党の枝野幸男元代表が憲法審査会の会長に就任しましたので、改憲賛成派だけで突っ走ることもできなくなりました。

これまでは衆参ともに改憲派が3分の2を上回り、その気になれば、いつでも改憲発議できたわけです。そうできなかったのは、ひとえに改憲反対を掲げた憲法運動の力によるものでした。その背後には「改憲を急ぐべきではない」という国民世論がありました。総選挙後に取り組んでほしい政策として、改憲を挙げる人は「産経新聞」の調査でも3％しかいません。

安倍首相以降、菅・岸田と続いた自公政権は任期中の改憲発議をめざしてきました。安倍元首相は現行の第9条に手をつけず、新たな条項を設けて自衛隊の存在を書き加えるという「妥協案」を提示しました。「9条を守れ」という世論の壁に跳ね返され、譲歩せざるを得なくなったからです。

今回登場した石破首相は、戦力不保持と交戦権の否認を定めた第9条第2項を削除することを持論としていました。しかし、首相就任にあたってこれをひっこめ、安倍「妥協案」を踏襲しています。石破首相も安倍元首相と同様に譲歩する道を選ばざるを得ませんでした。

加えて、総選挙後の石破政権は少数与党に転落し、政権維持に汲々《きゅうきゅう》としています。最初の所信表明演説で改憲に意欲を示しましたが、「それどころではない」というのが正直なところでしょう。今後も警戒と監視を怠らず、私たちの運動によって追い込み、改憲に取り組む余裕を与えないことが重要です。

当面の改憲にとって最大のテーマになっていたのが緊急事態条項の新設です。2024年12月5日に韓国で勃発した「非常戒厳」の発令と短時間での解除騒動は、憲法に緊急事態条項を導入することの危険性を浮き彫りにしました。これも改憲勢力にとっては大きな打撃となることでしょう。

○大軍拡・戦争準備の危険性

明文改憲の危機が差し当たり遠のいたからといって、安心はできません。「朝日新聞」と東大の谷口研究室の調査によれば、衆院当選者のうち改憲賛成派は67％で3分の2を上回っているからです。それに、岸田前政権が進めてきた安保3文書に基づく大軍拡によって、すでに第9条は「風前の灯」となっています。

憲法条文の書き換えは阻止してきたものの、第9条の内実を掘り崩す「実質改憲」は着々と進行し、もはや条文の書き換えなき改憲段階ともいうべき状況に達しています。かつて自民党が自衛隊の存在を合理化するために展開していた第9条の解釈を放棄し、自制も弁解もせずに堂々と戦争準備を進めているからです。

その第1は、専守防衛に基づく安全保障政策の大転換と軍拡の急進展であり、個別的自衛権から集団的自衛権の行使容認に向けての機能強化です。自衛隊は「盾」のみならず「矛」の役割も担うようになり、陸海空の自衛隊を統合する作戦司令部の創設、敵領土内の基地だけでなく中枢部も攻撃できる長射程の戦闘機やミサイルの整備、敵の攻撃に耐えうる基地機能の強靭化、南西諸島の要塞化、秘密情報の保護、武器の生産と輸出、戦時における飛行場や港湾などの軍事利用、同じく戦時に際しての地方自治体の動員と食料の確保なども準備されてきました。いつでも戦争できるようにするという構えです。

第2は、米軍の戦略転換と在日米軍の体制強化です。これまで米軍はインド太平洋軍を管轄する部隊の指揮機能をハワイのホノルルに置き、横田基地の司令官は作戦指揮の権限を持っていませんでした。今後は横田基地の位置づけを高めて宇宙軍を新設し、指揮権限の一部を付与して都心の赤坂に移転しようとしています。市ヶ谷の防衛省の近くに移して共同作戦体制を容易にしようというわけです。これも戦争できるようにするための準備にほかなりません。

自衛隊は必要かつ最小限度の実力組織であって「戦力」ではない、という憲法解釈によって第9条との整合性を保ってきたのが、これまでの政府の立場でした。これはすでに放棄されてしまったと言えるでしょう。「戦力であって何が悪い」と居直るような大軍拡です。総選挙の結果、これにもストップをかける可能性が生まれました。政権交代によって、このような「居直り大軍拡」を阻止しなければなりません。

○憲法を変えるのではなく活かす

日本周辺の安全保障環境が厳しさを増していることは否定できません。だからと言って、大軍拡によってこの厳しさを緩和できるのでしょうか。外交や話し合いというソフトパワーではなく、もっぱら軍事力というハードパワーに頼れば、軍拡競争を煽り立てて危機の火に油を注ぐだけではないでしょうか。

日本周辺の緊張を緩和するために外交的な努力を欠かすことはできません。平和と安全のための最善の手段は、憲法の力を発揮することです。日本は軍事大国にならず、軍事力による恫喝や威嚇ではなく対話と外交によって相互理解を深めることこそ、憲法第９条がさし示す道です。第９条を守るだけでなく、その理念に基づいて非軍事的な対話路線を具体化しなければなりません。

「今日のウクライナは明日の日本かもしれない」と、岸田前首相は恫喝していました。正しくは、「今日のウクライナを明日の日本にはしない」と言うべきだったでしょう。「なぜなら日本には平和憲法があり、私は第９条を守り実行するから」と。

中国との関係でも「台湾有事」が懸念されています。中国周辺に展開する米軍との偶発的な軍事衝突が起きる蓋然性は否定できません。もしそうなったとき、米軍とともに自衛隊が「存立危機事態」と認定して参戦すれば、ただちに「日本有事」に連動してしまいます。そのような事態は絶対に避けなければなりません。

そのためにも、第9条を守るだけでなく活かすことが重要です。トランプ米大統領が返り咲き、日本に対する軍事分担要請は一段と強まるでしょう。「日米同盟」と言えば思考停止してしまう悪弊を改め、日本独自の立場から毅然として対応することが求められます。

２０２４年のノーベル平和賞に日本原水爆被害者団体協議会（日本被団協）が選ばれました。ウクライナ戦争で核使用をちらつかせているプーチン大統領の暴走を阻止するためにも、唯一の戦争被爆国としても、被団協を先頭に核廃絶を求める世論を高め、非核の政府を実現して核兵器禁止条約への参加を実現しなければなりません。

３　新たな政治への模索と挑戦

○国会の機能回復

総選挙の結果、野党の協力なしには予算案も法案も通らなくなりました。いわゆる「ハングパーラメント（宙づり国会）」の出現です。このような状況のもとでキャスチングボートを握ったのは国民民主党でした。石破首相は政策ごとの部分連合で、国会を乗り切ろうとしています。

もちろん、自民党としては玉木首班などを餌に国民民主党を連立に引き込もうとするでしょう。自社さ政権の前例がありますから。しかし、自民党を救った社会党や新党さきがけがどのような末路をたどったのか、国民民主党は歴史の教訓をかみしめるべきでしょう。

いずれにせよ、「一強多弱」と言われてきた政治状況に大きな変化が生まれました。安倍・

菅・岸田と続いてきた国会軽視や自民党の事前審査による審議の形骸化は是正され、熟議の場としての実質を回復する可能性が生じています。

衆院の委員長などの人事によれば、立憲民主党の安住淳氏が予算委員長、枝野幸男氏が憲法審査会の会長、渡辺周氏が政治改革特別委員長、法務委員長に西村智奈美氏が、それぞれ就任しました。計27ポストのうち、野党が12となっています。野党が予算委員長になるのは1994年以来のことです。

今後の国会審議の焦点は、政治改革のやり直しです。早速、裏金を受け取っていた旧安倍派の参院議員27人と衆院の15人全員が政治倫理審査会への出席を申し出ました。政治資金規正法の再改正に向けての与野党協議も公開で行われるなどの変化が生まれています。政策活動費の廃止や第三者機関の設置が決まりましたが、引き続き企業・団体献金や政治資金パーティーの禁止を実現することが、これからの課題です。

国民民主党が要求していた「103万円の壁」の見直しに向けての動きも始まりました。詳細な内容の具体化はこれからですが、税金をめぐる協議が可視化されたことも、新たな変化として注目されます。ただし、これが国民民主党のパフォーマンスと同党を吊り上げるためのバラマキにならないよう警戒する必要があるでしょう。

また、選択的夫婦別姓の法制化に向けても新しい可能性が生まれました。立憲民主党の西村法務委員長の就任は法制化実現の布石で、野党が提出している法案の成立に向けて攻勢をかける準備にほかなりません。選挙前に賛否を問われる自民党の参院議員は、どう対応するのでしょうか。

◯要求実現に向けての環境変化

総選挙後の新たな国会での論戦と結びつけて、国民的な運動と世論の力による政策の実現を迫る運動が重要になります。そして、そのための条件と環境も大きく変化しました。少数政権に対して要求実現を目指す労働・社会運動によるボディーブローの威力が増大し、課題によっては実現の可能性が高まっているからです。

まず、労働運動の分野では大きな成果が期待されます。石破首相は賃上げを最重要課題とし、政府・労働組合・経済界の代表が集まる「政労使会議」と経済財政諮問会議の「特別会合」で「今年の勢いで大幅な賃上げへの協力を」と要請しました。最低賃金を2020年代に1500円にする具体的な対応策をとりまとめる考えも示しています。賃上げは総選挙で野党も公約に掲げていましたから、大きく前進する可能性があります。

選挙中に各党が掲げた公約にも、共通するものがありました。自民党が反対しても野党が一致すれば実現できます。現行の健康保険証廃止の凍結・中止、大学の学費値上げのストップ、同性カップルの結婚のルールづくり、大軍拡に向けての増税阻止、応能負担に基づく税制の抜本的な改革、社会保障の充実と物価高対策・生活支援などの実現に向けて、国民的な運動を強めていくことが重要です。

1980年代をピークに日本の国力は衰退を続け、もはや「先進国」とは言えない惨状を呈しています。日米構造講義や年次改革要望書などによって軍事分担と市場開放を求めるアメリカの圧力に屈し、1990年代からは大企業本位の規制緩和と民営化などの新自由主義的改革が進められてきました。その行き着いた先が「アベノミクス」であり、軍事大国化に向けての安倍・菅・岸田政権の暴走でした。

それにストップをかけ、政治の方向性を大転換するチャンスが訪れたのです。要求に基づいて運動を強め、世論を高めれば政治を変えられる新たな希望が生まれました。労働・社会運動によって草の根から社会を変え、政治に結び付けていくことができるかどうか、国民的運動の真価が問われているのです。

○政権交代の可能性

国会の機能回復と労働・社会運動の環境変化によって生み出された成果は、時どきの選挙によって収穫されることになるでしょう。各種の首長選挙で、与野党が安易に相乗りするような悪弊を改めなければなりません。地方政治においても与党に対する明確な選択肢を提起することは野党の大きな責任です。

国政選挙でも市民と野党が力を合わせてたたかうことが必要です。それが自公政権にとってどれほど大きな脅威であるかは、「立憲共産党」攻撃や総選挙での「奇襲攻撃」に明らかです。石破首相が自民党主流の短期決戦論に屈したのは、共闘構築に向けての話し合いの時間を与えないためでした。

そのために野党共闘は一部にとどまり、立憲民主党と共産党などは小選挙区で競合することになりました。両党が競合した142選挙区で「共闘」していれば、与党系を破る可能性があった選挙区は22にのぼり、立憲の議席数は自民党と並んでいたという試算があります（「東京新聞」2024年11月5日付）。1万票以下の接戦区も61ありました。

２０２５年には、国政選挙として7月に参院選が予定され、6月には東京都議選もあります。通常国会が延期されなければ、参院選は7月20日になると予想されています。これが衆参同日選挙になる可能性も否定できません。

それ以前にも、2月後半の衆院での来年度予算案採決の時期に危機が訪れるかもしれません。「１０３万円の壁」見直しという空約束で国民民主党などを丸め込み補正予算を成立させても、来年度予算もそうできるとはかぎりません。予算の成立を条件に自分の「首」を差し出した竹下登元首相の例もあります。石破首相はどうするのでしょうか。

7月の参院選が大きな山場になることは明らかです。野党は32ある1人区で一本化するための調整を直ちに始めるべきでしょう。そうすれば29勝3敗になるという試算もあります。２人区や3人区でも可能な限り野党候補が乱立しないように調整するべきです。

参院選で野党が勝利すれば、衆参の多数派が異なる「ねじれ」現象が解消され、本格的な政権交代が視野に入ってきます。秋の臨時国会で解散・総選挙に追い込み、自民党を撃破して新しい政権を樹立することが課題になります。

むすび

諦めてはならないということを痛感させられました。まさか自民党と統一協会の腐れ縁という旧悪が、このような形で表面化するとは思いませんでした。旧安倍派を中心とした自民党派閥の裏金事件も、こうした形で暴露され国民の怒りを爆発させたというのも予想外のことです。

前回の参院選が終了した時点で多くの人が口にしていたのは、「黄金の3年間」という言葉でした。2021年10月の総選挙に次いで翌年7月の参院選で勝利した岸田政権は、その後の3年間は国政選挙がなく、改憲発議などの政治課題に腰を据えて取り組めるというわけです。

しかし、そうはなりませんでした。実際には、押し寄せる政権批判の荒波をかいくぐるのが精いっぱいで、ほとんど目立つような成果をあげられず、軍拡ばかりに狂奔し、経済政策の失敗と物価高によって内閣支持率が2割台に低迷するという迷走状態です。「黄金の3年間」どころか「泥沼の3年間」でした。

その結果、岸田前首相は続投断念に追い込まれたのです。これも菅前政権に次ぐ異例の展開であり、多くの国民の意表を突くものでした。その意外性を演出することによって国民の関心を高め、総裁選を盛り上げて一気に総選挙に突入して勝利するというのが、自民党の狙いだったにちがいありません。

しかし、それは成功しませんでした。選挙前には想像だにしていなかったであろう与党の過半数割れです。自公政権は一気に政治的危機に直面することになりました。これは多くの人々にとっては驚愕《きょうがく》の結果だったでしょう。

世の中は捨てたものではありません。ときには予想を超えた望ましい結果をもたらすこともあるのです。行き詰まり大きな壁にぶち当たっていた日本にも、ようやく日が差してきたのかもしれません。明るい未来に向けての日差しが。

もう一度、声を大にして言いたいと思います。諦めてはなりません。政治は変えられるのですから。今回の総選挙によってもたらされた驚天動地の結果のように。

終章　自民党政治を撃破して さよならをするために

本書のために書き下ろした結びの論攷です。私の自民党とのたたかいは生涯をかけたもので、戦後80年にわたって平和・非核の日本を実現できたのは憲法のおかげであったことを確認し、新たな政治への展望を示しています。企業・団体献金を禁止して大企業偏重となった政治の歪みを正すこと、自公政権を追撃して撃破し、政権交代によって自民党政治にさよならをすることを呼びかけています。

1　生涯をかけたたたかいの果てに

生涯をかけたたたかいでした。政治に目覚めたその時から、私にとって自民党は力を尽くして倒すべき主敵であり続けました。政治学者としての道を選んだのも、自民党を倒すことができる方策を学術的に探究するためでした。

私は20歳のとき、全共闘暴力学生の1人に旗竿で右目を刺されて失明しました（詳しくは拙著『概説 現代政治』（法律文化社）の「あとがき」をご覧ください）。自民党による暴力学生の「泳がせ政策」の結果です。このときから、暴力学生を政治的に利用した自民党を打倒することは、隻眼《せきがん》となった私にとって「復讐」という新たな意味を帯びることになりました。

しかし、この敵はなかなかしぶとく手ごわい相手でした。その手ごわさを最初に実感させられたのは中曽根康弘元首相です。私の最初の単著『戦後保守政治の転換――「86年体制」とは何か』（前掲）を書きながら、その底深い危険性としたたかさに強い危惧を覚えたものです。

それから40年近くの歳月が経ちました。中曽根元首相が掲げていた「日米運命共同体論」「国際国家論」「日本列島不沈空母化」は現実のものになろうとしています。まさに「戦後政治の総決算」にほかなりません。

それに待ったをかけることができるのか、中曽根元首相の亡霊に日本を乗っ取らせてもよいのかが、いま問われています。幸いにも、それにストップをかけ、さよならをするための新たな可能性が生まれました。生涯をかけたたたかいの果てに、その可能性に最後の望みをかけたいと思います。

2　戦後80年の年に

２０２５年は戦後80年と被爆80年にあたります。普通選挙法と治安維持法の公布から１００年、阪神淡路大震災やオウム真理教による地下鉄サリン事件から30年という節目の年でもあります。このような歴史の到達点としての現在を、改めて見つめ直す必要があるように思います。

戦後80年を振り返って痛感するのは、とにもかくにも平和と非核が保たれてきたという事実の重要性です。この間、日本が戦場となることはなく、自衛隊は一人も殺さず殺されず、国際的にも核兵器が使用されることはありませんでした。日本被団協のノーベル平和賞受賞は、非戦と非核の80年を生み出した日本の戦後史全体に与えられたものだとも言えるでしょう。

このような平和の80年を生み出した原動力は、国民主権と基本的人権、そして何よりも戦争への反省を込め平和主義を定めた日本国憲法でした。80年を振り返って改めて知る憲法の力であり、その有難さです。それを変えるなどというのはとんでもないことです。

そして、憲法を守り政治と生活に活かすことを求め続けてきたのは国民の力でした。そこには、「戦争の惨禍を繰り返したくない、いつまでも戦後でありたい」という願いがありました。戦後から80年が経過し、惨禍の記憶が薄れつつあることが危惧されます。それをどう継承し、「戦後」を受け継いでいくのかが、私たちに問われています。

戦後80年は、１９８０年代を境に大きく２つの時期に分かれます。戦後復興を成し遂げ、「ジャパン・アズ・ナンバーワン」（エズラ・ボーゲル）と称えられた前半の40年と「失われた30年」を経て衰退途上国となった後半の40年です。その境に位置するのが、１９８６年の衆参同日選挙であり、それに勝利して任期延長を勝ち取り「86年体制」を豪語した中曽根首相です。

中曽根時代を分岐点に日本は上り坂から下り坂へと転落し始め、決戦の年としての２０２５年を迎えました。条文を書き換える明文改憲という点でも実質的に空洞化するという実質改憲という点でも、憲法をめぐる攻防は熾烈《しれつ》を極めるようになってきています。中曽根元首相の「86年体制」による反憲法政治への転換こそが、このような憲法破壊の「壊憲」路線の開始でした。

憲法を守り活かせば上り坂となり、憲法に反し蔑《ないがし》ろにすれば下り坂をたどるというのが、戦後80年の教訓です。再認識すべきは憲法の効用であり、国の富を軍事や戦争準備で空費するのではなく、民の豊かさを増進するためにこそ用いるべきだという教えです。この政治資産を存分に活用し、平和国家であり続けることこそ、国際平和のために果たすべき日本の役割ではないでしょうか。

3　新たな政治への展望と政治改革の課題

総選挙の結果、新たな政治への希望が生まれました。自公両党が議席を減らし、衆院での過半数を割ったからです。これまでの自民党政治が信頼を失い、国民の多数によって断罪された結果が、衆院での過半数割れを生み出しました。

その最大の要因が、「政治とカネ」、正確に言えば「自民党とカネ」の問題であり、政治資金パーティーのキックバックによる裏金のため込みでした。これを是正し、再びこのような問題が生じないような改善策を講じることが、当面の最大の課題です。

そのためには、何よりも裏金事件が発生した原因を明らかにすることが必要です。誰がどのようにしてこのような仕組みをつくり出し、どのように運用されてきているのかを明らかにする必要があります。総選挙の結果、政治倫理審査会に多くの議員が出席するようになりましたが、結局、詳細は明らかになりませんでした。カギを握ると見られている森喜朗元首相の証人喚問が必要です。他の国会議員についても証人喚問するべきでしょう。

裏金事件の再発防止をめざして、約30年ぶりに政治改革が政治課題に浮上しました。その目的は、金権・腐敗政治を是正して、政治倫理の確立によるクリーンな政治を実現することにあります。金権政治は自民党の宿痾（持病）の一つであり、自浄能力に期待できないことは過去30年間の実態によって明らかです。その元凶は企業・団体献金であり、これを禁止することは30年前からの宿願でした。それによって、金の力で政治を歪める構造を改めることが必要です。

さらに、石破政権を直撃しそうなのが「都議会自民党」による裏金疑惑です。パーティー収入の一部が不記載だったことが明らかになっています。すでに、東京地検特捜部が職員を略式起訴しており、都議選と参院選にも大きな影響を与える可能性があります。

4 お金で歪んだ政治の是正

裏金事件の真相解明や再発防止と同時に、お金によって歪んでしまった政治のあり方を是正しなければなりません。経団連による政策評価をもとに、大企業や業界団体からの政党や政党支部への献金によって、大企業優遇の政治が続いてきました。その象徴的事例は、企業減税が繰り返され、それによって生じた税収減を消費税増税によって穴埋めされてきたことです。

建設関連の大企業や業界団体の献金によって公共投資関連予算が増え続け、箱ものなどの公共事業偏重で福祉軽視の政治・行政が続いています。エネルギー基本計画で原発事業への依存が復活しましたが、その背後には電力関連企業による献金がありました。石破首相は企業・団体献金によって政治が歪められたことはないと言っていますが、実際には大きく歪められてきたのです。

これらを是正し、国民生活本位の政治を取り戻さなければなりません。日々の生活を守り、地震などの災害からの復興をいち早く支援し、「令和の米騒動」をもたらしている物価高を鎮め、日本経済の再建と産業の育成に努め、社会保障と福祉、医療と介護、子育てと教育、学術と研究開発力の復活をもたらすことが必要です。

あわせて、軍需産業への肩入れや殺傷兵器の輸出をストップし、平和と安全のために軍事より外交に力を入れるべきです。自民党もかつてはそうだったのですから。「我が国は兵器の輸出をし、金を稼ぐほど落ちぶれていない」という宮澤喜一元外相の国会答弁を思い出す必要があります。

時代遅れの古臭い人権感覚や伝統的家族観を克服し、国際標準のルールを整備することも必要です。選択的夫婦別姓の実現、同性婚の法制化、ジェンダー平等の徹底、外国人や少数者の人権保障、クルド人や在日コリアンに対する差別やヘイトの禁止などに取り組むことも急務です。

民主的で風通しの良い日本社会を実現するために、今こそ政治がその役割を発揮するべきでしょう。もはや自公両党の思うままに何でもやれる国会ではなくなりました。野党には与党にすり寄ることなく、新たな国会で生まれた熟議と制度改正に向けての条件を存分に活かしてもらいたいと思います。

5　追撃して撃破を

総選挙の結果、新たな政治的地平が姿を現しました。与野党を問わず、各政党には総選挙で示された民意をどう受け止めるかが問われています。総選挙で示された民意は「このままではだめだ」というものです。それではどうしたらよいのでしょうか。

端的に言って、与党には「退場せよ」ということであり、野党には「変えろ」ということです。何を、どう変えるのか、変えられるのか。与野党ともに問われることになるでしょう。その意味では、今年は変革の1年になります。また、そうしなければなりません。

与党、とりわけ自民党には、裏金問題から逃げたり、避けたり、ごまかしたりせずに、正面からまじめに向き合うことが求められます。この点で自浄能力が問われていますが、それはほとんど期待できません。残された道は、30年前のように政治改革を選挙制度改革にすり替えたり、野党の一部を取り込んで延命を謀ったりせず、憲政の常道に基づいて潔く政権の座を退くことです。

野党には、政治の現状を変えて欲しいという国民の期待を裏切ることなく、正々堂々と対決してもらいたいものです。見え隠れしている「大連立」の誘いに、断じて乗ってはなりません。自民党の大軍拡・腐敗政治を追撃し、来るべき政治決戦で撃破して政権交代を実現することが、野党にとっての最大の責務です。

その最初のヤマ場になるのが通常国会であり、2月下旬の来年度予算案の衆院通過をめぐる攻防です。国民民主党は「103万円の壁」の引き上げなどをめぐって自民党と協議を続け、日本維新の会も自公との間で「教育無償化」をめぐる協議体を設置しました。

もし、これらの協議と引き換えに自公政権の延命に手を貸せば、その後の都議選や参院選で厳しい批判にさらされるでしょう。野党が結束して与党を追い込み、都議選と参院選で撃破することが必要です。国民にとって、もっとも代えてほしいのは政権そのものなのですから。

地方政治と国政とで政権与党にすり寄ることなく、毅然として与野党対決を貫かなければなりません。選挙での「一票一揆」を実現し、自民党政治を撃破してさよならをする以外に、日本の末期的行き詰まりを打開する道はないのですから。

6　ポスト真実の時代における新たな課題

末期的行き詰まりのもう一つの現れは、真偽不明の情報が氾濫するネット社会への変貌であり、誹謗・中傷で死者さえ出るようなポスト真実の時代の訪れです。このような状況のもとで、社会変革に向けての新しい課題が生じています。それは民主的な社会を維持・発展させるためにも、政治を変えるためにも避けて通ることのできないものです。

かつて、グラムシは階級闘争のあり方として機動戦から陣地戦への発展を提起しました。政治学者の加藤哲郎一橋大学名誉教授は、これを敷衍《ふえん》しつつ今日では情報戦の時代になってきていると喝破しました。情報をめぐる争いは「銃後」から「前線」へと転換し、ネットが「主戦場」になりつつあります。

このようななかで、第1に、学習教育運動の意義や役割も変化してきました。労働組合活動家の育成だけでなく、一般市民の情報リテラシー（判断・理解能力）の強化と民主社会を担う資質と能力を持つ市民の創出をめざす必要があります。管理・統制によって歪められている学校教育を補完し、真実を見抜き、騙さず騙されない情報リテラシーを身に付ける手助けをしなければなりません。

第2に、情報環境の改善に取り組む必要があります。アメリカのジャーナリストのウォルター・リップマン氏はマスコミなどが提供する政治情報が形成するイメージを「疑似環境」と呼びました。政治情報が疑似的なものとなるのは避けられませんが、できるだけ実態に近いものにする必要があります。そのためには、情報の発信源である教育・メディア・インターネットなどのあり方を改善しなければなりません。

第3に、これらの課題を達成するためにも、政治を変える必要があります。最も効果的で近道なのは草の根からの共闘を再構築することです。身近な地域から要求を掘り起こし、その実現のために可能な限り幅広い政治勢力と力を合わせ、これまで培ってきた共闘の実績を活かしてネットワークを再稼働させる必要があります。「活路は共闘にあり」という「勝利の方程式」を忘れないようにしたいものです。

諦めてはなりません。政治は変えられます。総選挙で示された一票の力は予想外の結果を生み出しました。ネットの威力と政治の流動化を正しく活かしさえすれば大きな効果と成果を得ることができます。それが情報戦の時代の特性でもあります。今こそ、その特性を活かして、希望の政治への扉を開こうではありませんか。

あとがき

「このたび、大軍拡・大増税を打ち出し裏金疑惑で窮地に陥った岸田政権と自民党を、さらに追撃するために本書を刊行しました。私の『遺言』のようなものです。その思いを受け止めていただけるのではないかと考えた方々に、本書を献呈させていただきました。ご一読いただければ幸いです。

憲法9条を踏みにじって戦争準備に狂奔し、金まみれで腐臭に満ちた自民党政治を終わらせなければなりません。市民と野党の共闘によって政権交代を実現し、国民の願いが届く希望の政治を実現するために、本書を活用していただければ幸いです」

これは前著『追撃　自民党大軍拡・腐敗政治――政権交代のために』の献呈にあたっての挨拶の一部です。「私の『遺書』のようなもの」と書いたため、驚かれた方もおられたようです。しかし、「遺書」はいつでも書くことができ、何度でも書き換えることができます。最後に書かれたものが、効力を持ちます。

その意味では、本書『撃破――自民党政治に さよならを』は前著の続編であり、「遺書」の書き換えのようなものです。自民党を追撃し、さらに撃破するために刊行することにしました。前著同様、「憲法9条を踏みにじって戦争準備に狂奔し、金まみれで腐臭に満ちた自民党政治を終わらせ」て「政権交代を実現し、国民の願いが届く希望の政治を実現するために、本書を活用していただければ幸いです」。

本書の元になっているのは、前著と同様にこれまで発表してきた論攷です。各章の初出は以下の通りです。ただし、これまでとは異なり、それぞれの時点での見通しや記録性を損なわないために、中見出しを補った程度で、ほとんど加筆や修正はしていません。その代わり、簡単な解説を各章に施すことにしました。その結果、重複や繰り返しが多くなりましたが、お許し願いたいと思います。

序章　「戦後史における自民党政治――その罪と罰を考える」『学習の友　別冊　2024』「自民党政治を根本から変えよう」
第1章　「自民党の裏金疑惑と岸田政権の行き詰まり」『八王子学術・文化日本共産党後援会ニュース』No.27、2024年4月5日付
第2章　「政権担当能力を失った自民党にさらなる追撃を」『学習の友』No.854、2024年10月号
第3章　「共闘の力で自民党政治サヨナラの大運動を」『東京革新懇ニュース』第496号、10月5日付
第4章　「自民党の総裁選と立憲民主党の代表選の結果をどう見るか」『学習の友』No.855、2024年11月号
第5章　「石破新内閣の性格を解剖する――軍事突出の短期使い捨て政権の危険性」『治安維

持法と現代』２０２４年秋季号

第６章「総選挙で自民党政治を終わらせる世論をどう作るのか」『生きいき憲法』No.90、２０２４年11月20日号

第７章「総選挙の結果をどう見るか――石破自公政権の終わりが始まった」『学習の友』No.856、２０２４年12月号

第８章「今度こそ最後の自公政権に」『９条の会個人会員向けニュース』２０２４年12月５日号

第９章「総選挙の結果と憲法運動の課題」『月刊　憲法運動』２０２５年１月号

終章「自民党政治を撃破しさよならをするために」書き下ろし

本書は学習の友社から刊行する６冊目の単著となります。これだけの拙著を刊行していただいた学習の友社には感謝しかありません。お礼の意味を込めて、以下に列挙させていただきます。内容的にも深く関連していますので、本書とあわせて活用していただければ幸です。

『対決　安倍政権――暴走阻止のために』２０１５年
『活路は共闘にあり――社会運動の力と「勝利の方程式」』２０１７年
『打倒　安倍政権――９条改憲阻止のために』２０１８年
『日本を変える――「新しい政治」への展望』２０２０年
『追撃　自民党大軍拡・腐敗政治――政権交代のために』２０２４年

「自分を見失わずに信じて、決してあきらめないで」と、若手の俳優や製作者に呼びかけました。映画『SHOGUN　将軍』で米ゴールデングローブ賞を獲得した真田広之さんの受賞スピーチです。昨年のエミー賞での18冠達成に次ぐ快挙でした。

私も呼びかけたいと思います。諦めてはなりません。声をあげ続けましょう、と。

そうすればいつか必ず、報われるときがやってきます。そのときを信じて、自分を信じて決して諦めず、声をあげ続けようではありませんか。

大軍拡と腐敗の自民党政治を追撃し撃破して、新しい希望の政治を実現するまで。

著者略歴

五十嵐　仁（いがらし・じん）

法政大学名誉教授、大原社会問題研究所名誉研究員、全国革新懇常任世話人、東京革新懇代表世話人、労働者教育協会副会長。1951 年生まれ、新潟県出身。専門分野は政治学・労働問題。

主要著作

『戦後保守政治の転換―「86 年体制」とは何か』ゆぴてる社、1987 年
『一目でわかる小選挙区比例代表並立制』労働旬報社、1993 年
『保守政治リストラ戦略』新日本出版社　‘95 年
『徹底検証　政治改革神話』労働旬報社、1997 年
『政党政治と労働組合運動』お茶の水書房、1998 年
『概説現代政治―その動態と理論［第 3 版］』法律文化社、1999 年
『戦後政治の実像―舞台裏で何が決められたのか』小学館、2003 年
『現代日本政治―「知力革命」の時代』八朔社、2004 年
『この目で見てきた世界のレイバー・アーカイブス』法律文化社、2004 年
『活憲―「特上の国」づくりをめざして』山吹書店、2005 年
『労働再規制―反転の構図を読みとく』ちくま新書、2008 年
『労働政策』日本経済評論社、2008 年
『対決　安倍政権―暴走阻止のために』学習の友社、2015 年
『活路は共闘にあり―社会運動の力と「勝利の方程式」』学習の友社、2017 年
『打倒　安倍政権―9 条改憲阻止のために』学習の友社、2018 年
『日本を変える―「新しい政治」への展望』学習の友社、2020 年
『18 歳から考える日本の政治［第 3 版］』法律文化社、2021 年
『追撃　自民党大軍拡・腐敗政治―政権交代のために』学習の友社、2024 年

個人ブログ「五十嵐仁の転成仁語」　http://igajin.blog.so-net.ne.jp/

撃破――自民党政治に さよならを

発行　2025 年 3 月 20 日　初版　定価はカバーに表示
著者　五十嵐仁

発行所　学習の友社
〒 113-0034　文京区湯島 2-4-4
電話　03（5842）5641　FAX　03（5842）5645
印刷所　モリモト印刷

ISBN 9118-4-7617-0756-9